JN138404

新実在論
×
頭足類身体

［頭足類身体シリーズ１］

中井　孝章著

日本教育研究センター

目次（CONTENTS）

Ⅰ．新実在論の公理系

1．新実在論の特徴――形而上学と構築主義との比較から

M.ガブリエルは，自ら提唱する新実在論とは何かを明らかにするために，形而上学と構築主義との比較を行っている。形而上学，構築主義，新実在論という三者の認識論上の違いは，ガブリエルの例によって明確になる。

1　ヴェズーヴィオ山
2　ソレントから見られているヴェズーヴィオ山（アスリートさんの視点［パースペクティヴ］）
3　ナポリから見られているヴェズーヴィオ山（あなたの視点）
4　ナポリから見られているヴェズーヴィオ山（わたしの視点）

この例は三者の相違を明確化する上でうってつけのものである。

まず，１～４の記述を見ると，１だけが観察者が存在しない，もしくは不在であるのに対して，２～４はすべて観察者が存在する。つまり２～４は，誰が

どこから対象を見ているのかを陳述しており，記述された対象は，観察者の視点（パースペクティヴ）が介在しているのである。ガブリエルの新実在論に沿いながら，前述した三者を対照させると，**表1**のようになる（なお，**表1**の○は容認，×は否認を表す）。

表1　新実在論と形而上学・構築主義との比較

(立場)	(記述番号) 1	2	3	4
形而上学	○	×	×	×
構築主義	×	○	○	○
新実在論	○	○	○	○

表1からわかるように，形而上学だけは観察者（の視点）不在の対象（ヴェズーヴィオ山），すなわち対象そのもの―― I.カントのいう「物自体」――が実在することを容認する。形而上学はものの実在を認める，旧来の実在論（旧実在論）である。形而上学において，対象は対象それ自体として実在するのだ。これは，観察者の視点に左右されない絶対主義の立場となる（相対的なものは認めない）。旧実在論に対して，新実在論は1をはじめ，すべての実在を認める。この点については，後述することにし，先に，構築主義について言及することにする。

構築主義は，形而上学とはまったく反対に，1（対象それ自体の実在）を認めないのに対して，２～４のように，観察者の視点（パースペクティヴ）から捉えた対象の実在を認める。裏を返すと，構築主義の場合，観察者の視点がないものは，対象として存在し得ないことになる（これは一種の不可知論の立場である）。とはいえ，構築主義では，観察者同士が各々の視点を相互交渉することで，パースペクティヴを複数化してきた。かくして，構築主義は，B.バーガーと T.ルックマンによって示されたように［Berger & Luckmann, 1967=1977］，社会は人間関係（社会的相互行為）によって形成されるのであり，社会は言語によって構成されるのである（社会の言語的構成過程）。ただそれでも，構築主義では特定の観察者およびその視点を絶対化したり普遍化したりし得ないことから，観察者の各々の視点によって対象は常に，相対主義的なものとなる。構築主義は，相対主義の立場となる。これに対して，新実在論は観察者の視点不在の対象それ自体の実在を認めることから絶対主義の立場となる。

ここで構築主義と同一の思考様式を採るものとして，ポストモダン思想，唯名論，心的表象主義といった３つの立場を挙げておきたい。

まず，ポストモダン思想について述べると，ガブリエルが述べるように，「構築主義は，カントの『緑色の眼鏡』を信じているわけである。これに加えてポストモダンは，わたしたちがかけている眼鏡はひとつにとどまらず，とても数多くあるのだとした。」［Gabriel, 2013：12］。つまり，ポストモダン思想は，構築主義を多数化したものである。ポストモダン思想は構築主義の継承者なのだ。したがって，前述した１～４について，ポストモダン思想もまた，構築主義と同一となる。

次に，唯名論について述べると，ガブリエルが述べるように，「これは現代の構築主義の重要な先駆」［同前：167］である。唯名論からすると，すべての概念は，私たち人間が「自らの生存の可能性を高めるために我々自身が物ごとを一般化した結果にすぎない」［同前］ことになる。「唯名論によれば，すべての馬を包摂するような馬の一般的概念など本当は存在せず，数多くの個体だけが存在している。我々が事態を単純化して，一つひとつの個体をひとしなみに『馬』と呼んでいるにすぎない。どんな概念も，結局のところ空虚な名辞にすぎない」［同前］ということになる。このように，唯名論は，一般的概念をもって一括りにすることができない，個体や具体的な物，もっといえば，この，かけがえのないものそのものを擁護するが，そのことは，この，かけがえのないもの（個体）そのものが実在することを容認することを意味しない。唯名論は，個々の馬を「馬」という一般的概念で呼ぶことを「空虚な名辞」だと批判している反面，個体としての馬（たとえば，「アン」という固有名を付けられた「この」馬）が実在することには否定的なのだ。だからこそ，唯名論は「現代の構築主義の重要な先駆」であるわけだ。したがって，前述した１～４について，唯名論もまた，構築主義と同一となる。

　最後に，心的表象主義について述べると，ガブリエルが述べるように，果物鉢にリンゴがあるとして，「そもそもわたしたちが見ているのは，果物鉢に盛られたリンゴではなく，ひとつの心的表象である」［同前：171］と捉える立場のことである。つまり，心的表象主義とは，私たちが大脳皮質の視覚野でリンゴを知覚像（心的イメージ）として形成したものだけを捉えることができると考える立場である。裏を返せば，私たちは直接，リンゴをはじめすべての対象に直にかかわることも，それを直に知覚する（捉える）こともできないというわけである。心的表象主義は，唯名論とは異なり，対象を言葉・概念によってではなく，心的イメージによって捉えるが，両者とも，直接，対象それ自体にかかわることができないと捉えるという点で同一である。つまり，両者の立場とも，構築主義やポストモダン思想と同様，対象の実在を容認しないのである。したがって，前述した１～４について，心的表象主義もまた，構築主義と同一となる。

こうして，ポストモダン思想，唯名論，心的表象主義はすべて，構築主義と同一の前提，すなわち「対象それ自体の実在」を容認しない，または対象に直にかかわることができないということを共有することから，これ以降は，煩雑さを避けるために，こうした認識の仕方を「構築主義」で一括することにする。

このように見ると，形而上学の立場は対象それ自体の実在を認める絶対主義であり，構築主義の立場は，形而上学とは反対に，観察者の視点を介した対象，すなわちさまざまなパースペクティヴを通して立ち現われる対象を認める相対主義である。形而上学が絶対主義，構築主義が相対主義であるのに対して，新実在論は絶対主義も相対主義も認める立場となる。こうした立場は，従来の実在論にはなかったと考えられる。

では，新実在論の前提となる，絶対主義でありながらも相対主義であるという立場は，果たして成り立つのであろうか。結論からいうと，成立可能である。その理由は，次の通りである。本事例を用いて説明すると，対象であるヴェズーヴィオ山は，アスリートさんがソレントから見ているそれであり，あなたがナポリから見ているそれであり，わたしがナポリから見ているそれである（厳密にいうと，あなたとわたしが見ている場所が同じナポリだといっても，地理的な位置は異なる）。ここで重要なことは，もし，アスリートさんとあなたとわたしがヴェズーヴィオ山をめぐって会話を交わすとき，少なくともこの３名の人間は複数の諸相（パースペクティヴ）を超えた一つの対象や事象にかかわっている（関与している）はずである。もし，そうでなければ，彼ら（私たち）３名はヴェズーヴィオ山について語ることができなくなってしまう。

そのことは，社会構築主義でいう言葉や概念でも同様である。たとえば，「家族」という言葉・概念を用いて，複数の人間が会話を行うとき，複数の諸相を超えて同一の事象（家族なるもの）にかかわらなければ，「家族」についての会話自体，成り立たないはずである。言葉・概念であっても，何らかの事象にかかわる場合は，実在的，本質的なものにふれていると考えられる。

この点について訳者の清水一浩は，ガブリエルが別の著書で挙げた概念，「平等性」と「批判」を敷衍しながら，的確に解説している。「新しい実在論は，事象それ自体の実在性を認める。この実在性がなければ，そもそももろもろの主体が同じ事象に関わっていると言えなくなってしまう。つまり新しい実在論は，もろもろの主体に共通の準拠点を与える（平等性）。この準拠点があってこそ，同じ事象にたいするもろもろの主体それぞれの関わり方――たとえば当の事象の『認識』――の当否を決することができる（批判性）。」[清水一浩，2018：298]。

その上で清水は，「かくして新しい実在論は，ポストモダン思想の構築主義を経た後に，批判性・平等性の価値を再獲得する新しい啓蒙主義の運動でもあるとされるわけである。」[同前] と述べている。訳者によるこの解説は，ガブリエルの新実在論を的確に理解する上できわめて重要である。

こうして，旧来の実在論（形而上学，または素朴実在論）は，構築主義およびその進展態としてのポストモダン思想（構造主義やポスト構造主義）を経由して新実在論へとメタモルフォーゼしたのである。つまるところ，素朴実在論と新実在論の差異は，構築主義を経由するか否かにある。だからこそ，新実在論は絶対主義の立場をとりながらも，相対主義の立場をも容認（包摂）することができるのである。

2．新実在論における無世界観――「なぜ世界は存在しないのか」

前節では，ガブリエルを敷衍しながら，形而上学および構築主義との比較を通して，新実在論が採る認識の仕方，すなわち認識論を明らかにした。その際，新実在論は，観察者およびその視点に依存するのではなく，物や事実そのものの実在を容認する立場を採ることから独自の存在論を展開することになった。いわゆる認識論から存在論への転回の要請である。しかも，新実在論は「世界は存在しない」という独自の存在論，すなわち無世界観および意味の場の存在論を提示している。では次に，新実在論の存在論へと論を進めていくことにしたい。その際，初めに解明すべきなのは，「世界はなぜ存在しないのか」という新実在論の本質にかかわる存在論的問いである。

（1）物，事実，対象領域

「世界はなぜ存在しないのか」――この存在論的問いを解明するにあたって，ガブリエルはまず，「世界」とは何かについて言及した L.ヴィトゲンシュタインの『論理哲学論考』の次の言葉に注目する。「1　世界は成立している事柄の総体である。1・1　世界は事実の総体であって，ものの総体ではない。」

この，ヴィトゲンシュタインの言葉に示されるように，世界は大きな集合体であるが，それはものの総体ではなく，事実の総体である。世界は事実だけを総括するのだ。世界を説明するにあたってガブリエルが用いる概念は，まず「物（もの）」と「事実」であるが，世界の中に存在する「物」を言葉で示すことで「事実」が生じる。ガブリエル自身が例示する「ポスト・タワー」を引き合いに出すと，「ポスト・タワー」は世界の中に存在する「物」であるとともに，たとえば，「ポスト・タワー」は「ボン市にある高層ビルである」，「最上階からの眺めは美しい」，「高級レストランが沢山ある」等々となる。このように，「ポスト・タワー」についての「事実」が述定される。

さらに，ガブリエルが述べるように，「存在するもののすべては，その都度，ある対象領域においてのみ存在する，つまり，存在するもののすべてはある対象領域においてのみ現われるということ，そして，対象領域は集合に類似する点がいくつもあるということである。」［Gabriel, 2013：319］。再び，「ポスト・タワー」で例示すると，それは，建築という対象領域，会社という対象領域，原子の集合体という対象領域，芸術作品という対象領域等々といった具合に，である。

また，「ポスト・タワー」は，その横に立つ高層ビルの「ランガー・オイゲン」と「一括りにし，一つの物として把握」［同前］したり，そのビルにある「エレベーターからドアノブ，表札，さらには洗面台等々に至るまでの様々な物を一括りにしているのである。」［同前］。つまり，「同じ物の同一性をまったく違ったやり方で配置することもできる」［同前］わけである。

このように，「ポスト・タワーの同一性は，ポスト・タワーがその都度どんな対象領域に現われるか，また，対象領域に入る際の規則がどのように確定されているかということにかかっているのである。」［同前］。とはいえ，「ポスト・タワーは天文学や心臓の循環障害のような対象領域に配置することはできない。なぜならば，ポスト・タワーは惑星でも恒星でもその他の旋回する巨大物体でもなく，また，有機体でもないからだ。」[同前]。

こうして，世界は，物や事実だけでなく，対象領域を包括していて，「この対象領域が，あるものが何と配置されるかをその都度規定しているのである。」[同前]。世界は，物，事実，さまざまな対象領域の三者から説明することができることになる。重要なことは，世界が物，事物，対象領域から成り立つことから，世界とこれら三者は同一次元のものではないということである。つまり，物，事実，対象領域は広義の「対象」であるのに対して，世界は「対象」ではないのだ。

そのことの帰結として，一見，世界と同義語と見なされる「宇宙」は，世界と同一ではないこと，世界と宇宙は同一次元として語ることができないことが明らかになる。ところが，物理学主義という立場と唯物論は，「世界＝宇宙」と見なしている。そのことを含め，次に，世界と宇宙は同一でないことについて述べることにしたい。

(2)「世界＝宇宙」という等式から生じる誤謬――物理学主義と唯物論

前述したように，世界は，物，事実，対象領域から成り立つとともに，世界はこれら三者のように対象とはならない。そのことからすると，宇宙は，さまざまな対象領域があるうちのごく一部の学問，すなわち物理学の対象領域にすぎないことがわかる。宇宙は一つの対象領域なのであって，宇宙以外の対象領域が多々存在していることはいうまでもない。

ところで，ガブリエルは，世界について論じるに際して「世界」に準じた概念として「宇宙」に言及している。ガブリエルは，「宇宙」という概念の分析を通して得られた知見を５つに要約する［Gabriel，2018：74］。

1　宇宙は物理学の対象領域である。
2　対象領域は数多く存在している。
3　宇宙は，数多くある対象領域のひとつにすぎず（大きさの点で最も印象的な対象領域であるとしても），したがって存在論的な限定領域にほかならない。
4　多くの対象領域は，話の領域でもある。さらにいくつかの対象領域は，話の領域でしかない。
5　世界は，対象ないし物の総体でもなければ，事実の総体でもない。世界とは，すべての領域の領域にほかならない。

ガブリエルが要約するように，宇宙が数多の対象領域のうちの一つであるのに対して，世界はすべての領域の領域である。宇宙と世界は，存在論的に次元が異なる概念なのである（ただし，すべての領域の領域だと規定される「世界」という全体的な概念自体は存在しない）。

このように，世界と宇宙は，存在論的次元の異なる概念であるにもかかわらず，「世界＝宇宙」だと捉える誤った認識から「物理学主義」と「唯物論」が派生してくる。

まず「物理学主義とは，現実に存在するすべてのものが宇宙のなかにあること，したがって物理学によって研究されうることを主張するものである。」［Gabriel，2013=2018：47］。

「これにたいして唯物論とは，現実に存在するすべてのものが物質的であることを主張するものである。」［同前］。この場合の「現実に存在するすべてのもの」は，宇宙の中に現われるものであり，それはすべて，物質的なもの（原子，今日的には素粒子）から構成されていることになる。さらに，重要なことは，すべてのものが物質的なものから構成されているだけでなく，それを認識する私たちの思考もまた，脳の何らかの物質的な状態から構成されているということである。

唯物論では，宇宙に存在するすべてのものとそれを思考・認識する脳は，物質的なものへと還元できるのである。唯物論では，こうした現象のことを「反映」と呼ぶ（「創造的反映」と呼ぶ立場もある）。この点について唯物論者自身の記述を参照することにしたい。

「唯物論は，物質を第一次的なものとする。そしてわれわれの意識，感覚，思考は物質から，刺激を受けて発生する第二次的なものとする。では物質とは何か。唯物論にあっては，それはわれわれの意識の『外』に実在する物質存在，自然界存在，外界環境を指す。その外界環境のなかには，われわれが日々営む人間社会も含まれる。

第一次的な物質存在・外界環境が，われわれの脳が産出する意識の発生源であることの意味は，物質存在・外界環境が人間の意識より『外』にこの世に存在している。人間の意識の発生の『先』には，意識発生のもととなる第一次的な物質存在がある。われわれ人間はその物質存在・外界環境からの刺激を感覚器官が受けて，脳が物質の最高精華としての意識を発生させる過程を生物として辿ってきた。……（中略）……

『物質から意識』を説明する唯物論は，意識の発生のみなもとをわれわれの意識とは無関係な，意識の『外』にある外界世界，外界環境から受ける刺激によって発生する外界『像』であると説明する。つまり意識の発生源は，われわれの意識の中にあるのではなく，われわれの意識から独立した，意識の『外』にある外界物質世界からの刺激を受けて外界『像』として発生する。」[池田昌昭，2004：31-32]。

この唯物論についての説明について，筆者は何も付け加えるべきことがないほど，理路整然としている（揺るぎない思い込みという意味である）。池田が主張しているのは，意識の働きは，意識の「外」に，意識とは独立して実在する物質（外界物質）を脳の中の外界「像」へと反映したものなのである。要するに，意識は外界の反映像なのだ。裏を返すと，意識から物質（外界物質）を説明することはできない，ということである。つまり，正統な唯物論においては，「外界物質＝外界物質『像』」と措定されることになる。哲学的にいいかえると，「主観－客観」関係において，主観，すなわち意識は，客観を客観の像として正確に捉える（＝反映する）ことができるということである。

前述したように，唯物論が「世界＝宇宙」と捉えること自体，誤りであることに加えて，ガブリエルによると，次のような矛盾を抱えている。

「唯物論の想定によれば，ひとが想起したり想像したりする対象が必ずしも物質的ではないとしても，その根拠や想像それ自体は脳の何らかの状態であり，したがって物質的である。しかし，これはとても奇妙な想定である。たとえば，この想定によると，物質的なものであるはずの脳の状態が，それでも想像という形で，物質的でない対象に関わることがありえることになる。」[Gabriel, 2013=2018：47-48]。そして，「唯物論者の考えでは，物質的でない対象についての想像が存在するのは，それを想像するわたしたちが，物質的でないものを対象とする物質的な状態にあるからである」[同前：48] ことになり，「唯物論者は，『物質的な状態だけが存在する』という考えが想像でないことを，どこから知るのか」［同前］確かめることができなくなることになる。

このように，「世界」の有無を問う以前に，物理学主義も唯物論も，根本的に誤った捉え方であることがわかる。また，物理学主義と唯物論は，「具体的・物質的な性格」を有する「物」［同前：55］だけが対象となり，夢や空想や幻など「物」でないものは対象とはなり得ないのである。後述するように，ガブリエルは「世界」は存在しないにもかかわらず，「一角獣」や「キューピッド」などは存在するのだ。

以上のように，世界は，物，事実，対象領域から成り立つとともに，物や事実は対象領域によって配置を決定されることが明らかになった。では，世界は，物や事実，または対象領域と同一視することができるのであろうか——それは否であろう。では次に，そのことをガブリエルが依拠する「性起（エルアイクニス）」という後期ハイデガーの存在思想を手がかりに解明することにしたい。

（3）性起としての世界——否定的存在論

結論から述べると，世界は，物・事実・対象領域のように，対象（存在者）という様相で立ち現われない。この点については詳細な説明が必要となる。

ガブリエルは世界が世界であることの所以を次のように述べている。

「あれこれに規定された物はすべて，自らを他の諸物から区別する諸々の性質からなる有限な集合を持つことになる。……世界のうちに現われないものは何物も存在しないのだから，世界は［世界のうちに現われる物の］すべての性質を持っていることになる。それゆえ，世界は他のものとの区別を可能にするようななんらかの性質さえも持つことがないのである。したがって，世界はなんらかの仕方であらゆるものであるがために，世界は同時に何物でもない［無 nicht］ということになり，つまり，他の物と並んだ規定された物ではないということになる。そう，世界は物ではない。」［Gabriel，2013=2018：322］。

このように，世界は物やその集合体ではない，ということから，世界は，物を述定する事実でもないことになる。では，世界は対象領域かというと，そうでもない。なぜなら，物や事実が現われ，作り出すところの対象領域もまた，世界において初めて現われることができるからである。つまり世界は，物や事実，（それらがそれを通して現われるところの）対象領域と異なり，相対的な区別が不可能であるすべての性質を持ち合わせているのだ。世界が，物と物の性質上の区別，そして，対象領域と対象領域の性質上の区別ができないということは，世界は対象ではなく，むしろ「何物でもない『無 nicht』」ということになる。ガブリエルは，世界を「全領域の領域」，もしくは「開け」（＝超越論的「開け」）と名付けたハイデガーを踏襲している。

そのことはさらに，「そこですべてが生じて入るにもかかわらず，自らは存在しないというこの奇妙な領域，つまりは世界」［同前：324］は，「性起」を意味する。「世界は存在するのではなく，性起するのである。」［同前］。

ガブリエルは，「性起」としての世界をさらに，あらゆるものが現象しているにもかかわらず，それ自体，現象することのない「光」として捉えているが，この「光」は単なる比喩ではなく，文字通り，あらゆるものを現出させるところの世界なのである。

ところで，筆者は後期ハイデガー思想の性起について著書で述べたことがある［中井，2017］。その論述を世界に定位して論述すると，次のようになる。

世界は，物や事実，対象領域のすべてがさまざまな形で立ち現われるそこでありながらも，対象（存在者）のように，現前に露現するような物ではない空なる生起であるがゆえに，同時に退去し，隠れて消えてしまう（＝退隠）。世界の退隠こそ，物や事実，対象領域の生起（現出）の積極的な前提を形成する。あるいは，世界そのものは，見失われることを代償にして初めて，物や事実，対象領域を生き生きと起動させることができる。つまるところ，世界の退隠と物などの生起は，互いに分離不可能な，同時的錯合現象である。このように，本来，世界は自らは退隠することによって，物や事実，対象領域を立ち現われさせるところの「無」，または「光」なのである。かつては「世界の地平モデル」と呼ばれたが，「世界は存在しない」ということを肯定的に述べる上では，性起の方が適していると考えられる。繰り返し強調すると，物などの立ち現われ（現実生起），すなわち有（Sein）とは，世界の退隠（現実脱去），すなわち無（Nicht）にほかならない。

ガブリエルは「世界は存在しない」というテーゼのことを「否定的存在論の主命題」[Gabriel，2013=2018：115] と呼ぶが，こうした「世界の否定」は，世界が性起であること，そして世界が退隠することでしか，さまざまな対象領域も，その中で配置され，生み出される物や事実も作り出すことができないということを意味することから，ポジティヴに捉えられるべきである。世界は存在しないという無世界観を前提とする存在論は，世界の構造から必然的に帰結するものなのである。訳者解説の岡崎龍がいみじくも述べるように，「世界のうちに存在する『物』や，それについて述定を行うことで生じる『事実』は，いずれも，説明の対象をそれと分節化することを可能にする『対象領域』を必要とする。ところが，こうした『対象領域』をそれとして分節化するためには，それを可能にする別の（こうした背進によって成立する新たな境位は『高階的』

と呼ばれる）『対象領域』が必要となる。してみると，我々があるものについて言明を行う時には，その言明の境位である『対象領域』は，その都度その都度高階的な『対象領域』を生み出すことになる。ここで重要なのは，『対象領域』がこのように絶えず高階的に生み出され続ける構造が，言明そのものの性質としてではなく，言明を行う主体を含む世界そのものの構造として理解されている点である。」［岡崎龍，2018：331］。

３．意味の場の存在論

（1）意味の場――肯定的存在論

前述したように，ガブリエルは，「世界は存在しない」というテーゼを「否定的存在論の主命題」と名付けたが，これに対応して提示されたのが「『限りなく数多くの意味の場が必然的に存在する』という肯定的存在論の第一主命題」［Gabriel，2013=2018：115］である。

「否定的存在論の主命題」は，物や事実など何かが生成するためには，世界が何物でもない無として退隠するという構造を有することが不可欠であるのを示すものであった。これに対して，「肯定的存在論の第一主命題」は，「世界は存在しない」（＝世界は存在者［対象］とはならない）ことを踏まえた上で，存在することとはどのような事態であるのかについて積極的に論を展開する。その際，導入される概念が「意味の場」である。ガブリエルを敷衍すると，「意味の場」とは，存在する何かが現象する場のことであり，ものについての正しい思考様式に対応するものを通して個別に捉えられる，存在するものの領域である。

ガブリエルは，「存在すること＝世界のなかに現われること」という等式に改良を加えて「存在すること＝何らかの意味の場のなかに現われること」[同前：97] という等式を提示する。彼は，この等式のことを「意味の場の存在論の原則」[同前] と呼ぶ。そして，「意味の場の存在論は，こう主張する。およそ何かが現象している意味の場が存在しているかぎり，何も存在しないということはなく，そこに現象している当の何かが存在している。」[同前：97-98]。「存在しているのは，無限に数多くの意味の場だけである。」[同前：106]。

ところで，性起の思想から世界の退隠構造（無世界観）を明らかにしたガブリエルは，意味の場の存在論からも「世界は存在しない」ことを論証する。いわゆる「無世界観の主証明」は，ガブリエルによって次のように論証される [Gabriel，2018：331-332]。

1　存在するというのは，意味の場に現象するということである。

2　世界が存在するなら，それは何らかの意味の場に現象する。

3　多くの意味の場が存在する（存在論的多元論）。

4　世界の外にはいかなる対象も存在しない（世界はすべてを包括する）。

5　何らかの意味の場に現象するものは対象である。

6　対象はつねにかくかくしかじかのものである（存在論的記述主義）。

7　対象一般とは特定の記述のもとにあるのではない対象である。

8　対象一般は存在しない。対象はさまざまな意味の場にのみ存在する。

9　世界は対象一般の意味の場ではありえない。というのも，もしそういうことになると，対象一般はその定義に反して特定の記述のもとにある，ということになるからである。この記述によって当該の意味の場，つまり世界は個別化されてしまうだろう。

10　それゆえ，世界はもろもろの意味の場の意味の場でしかありえないであろう。しかし4にしたがうと世界はすべてを包括すべきなのだから，世界はあらゆる意味の場の意味の場でなければならない。

11　世界が存在するならば，そのうち世界が現象するような意味の場が存在する。だがそうすると，世界自身も含めて，存在するあらゆるものを包括するような何らかの記述が存在するであろう。

12　ところがそのような記述は存在しない。

∴世界は存在しない。

こうした論証過程の帰結として，10 に示されるように，「世界はもろもろの意味の場の意味の場」であることになる。つまり，「世界とは，すべての意味の場の意味の場，それ以外のいっさいの意味の場がそのなかに現象してくる意味の場である。」[Gabriel, 2013=2018：109]。この場合の「意味の場の意味の場」は，前述した，ハイデガーの「全領域の領域」に対応する。

しかも，世界は「意味の場の意味の場」であっても，意味の場とは異なるのだ。では意味の場とは何かについてあらためて述べると，1のように，存在することはすなわち，意味の場に現象することであることから，意味の場は存在する何か，すなわち対象を現象させるところの何かであることになる。そのことに関連してガブリエルは，「青い立方体」という対象を例にしながら，次のように述べている。すなわち，「青い立方体」という「この唯一の対象だけが存在していて，それ以外には何も存在していないとすると，当の青い立方体がそこに現象すべき意味の場も存在していないことになる。しかし，だとすると当の青い立方体も存在していないことになってしまう。およそ何かが存在するには，当の何かがそこに現象すべき何らかの意味の場が存在していなければならないからである。かくして，たったひとつの対象だけが存在しているとすると，およそ何の対象も存在していないことになってしまう。」[同前：115]，と。

裏を返せば，私たちが用いるボールペンは，現実にも，映画の中にも，小説の中にも，それぞれに存在する，すなわち複数の意味の場に現象するわけであって，たった一つの対象というわけではない。普通，存在するものは，現実世界のみならず，可能世界にも存在するのである。むしろ「青い立方体」という唯一の対象が存在することはあり得ないのだ。ガブリエルが頻繁に述べる「ユニコーン」でさえ，神話をはじめ，複数の意味の場に存在するのである。ところが，世界だけは存在しないのだ。なぜなら，もし世界が存在するとすれば，世界は必ず意味の場に現象せざるを得なくなって，そうしたすべてを包括する世界が存在することができないからである。たとえば，ガブリエルが図示するように，世界が意味の場 S1 に現象したり（図１［同前：110]），または，意味の場 S1 以外の意味の場 S2・S3 が世界の中に現象したり（図２[同前：111]）することは，世界が世界の中に現われてくることになり，矛盾してしまう。つまり，世界が何らかの意味の場に現われること自体，矛盾しているのだ。

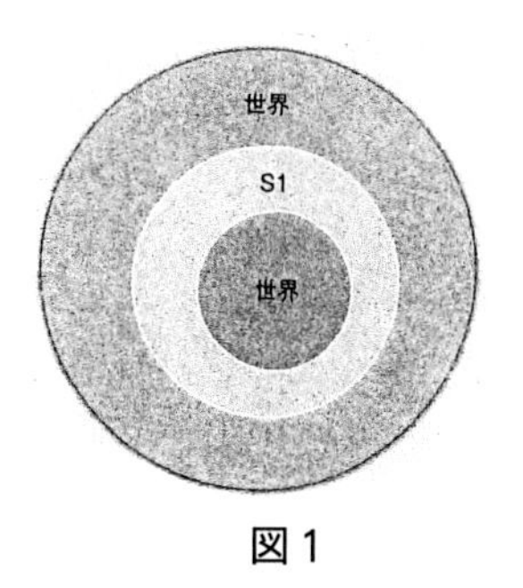

図１

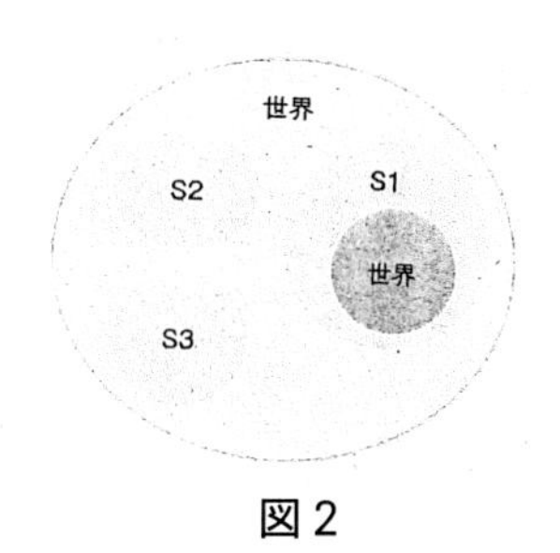

図２

なお，ガブリエルは世界は世界の中に現象しないことを論証するために，私が見る世界の視野に，私自身の眼は含まれないといったヴィトゲンシュタインの例示を引き合いに出す［同前］。要するに，私たちの視野の中に見えるのは，対象だけなのである。ここでガブリエルのいう世界は。ヴィトゲンシュタインのいう視野それ自体に対応する。

こうした論理からガブリエルは，世界が成立するためには，「少なくともひとつの対象と，ひとつの意味の場が存在することなる。ただし，さらなる意味の場がもうひとつ存在していなければならない。たったひとつの意味の場だけが存在するためにも，否定的存在論の主命題によって，当の意味の場がそこに現象している別の意味の場がさらに存在していなければならないからである。かくして，少なくともひとつの対象と，二つの意味の場が存在することになる。」［同前］。

そして，少なくとも一つの対象と二つの意味の場が存在することから，「肯定的存在論の第二主命題」，すなわち「どの意味の場もひとつの対象である」［同前：116］というテーゼが導出されることになる。

この第二主命題は，存在するもの，すなわち対象は，意味の場を通して現われるということと，意味の場もまた対象となるが，世界は対象とはならないということを意味する。

ところで，（何かが）存在することは，何らかの意味の場に現象することであるが，この，存在することと，前述した物，事実，対象領域は，どのような関係になるのか。私見によると，物およびそれを述定した事実，対象領域は，存在的－認識論的レベルに属するのに対して，存在することおよびそれが意味の場に現象することは，存在論的レベルに属すると考えられる。ハイデガーは，存在と存在者の相違を「存在論的差異（ontologische　Differnz)」として示したが，この場合，物，事実，対象領域（といった三者）が存在者に対応するのに対して，存在することや意味の場は存在に対応するのではないか。存在的レベルから捉えても，存在論的レベルから捉えても，「世界は存在しない」ことに変わりはないが，物，事物，対象領域からすると，世界が性起（＝退隠）することでこれらを現象させる領域となるのに対して，存在することや意味の場からすると，世界はすべての意味がその中に現象する意味の場となるのである。

このように，新実在論に潜む存在的－認識論的レベルと，存在論的レベルを区別することで，新実在論を十全に理解することができると考えられる。

（2）新実在論と相対性理論

新実在論と物理学の有する世界観の関係に言及することは，新実在論の本質を知る上で有益であると考えられる。

ところで，ニュートン力学は，次のような前提に立っている。すなわちそれは，物体が空間の中で運動したり変化したりするが，空間そのものは永久不変に存在する，いわゆる「絶対空間」(＝絶対的に静止した座標系［絶対座標系］)を前提とする。また，それは，時間が過去から未来に向けて直線的にかつ不可逆的に流れ，宇宙のすべてにおいて同一の時間である，いわゆる「絶対時間」を前提とする。このように，ニュートン力学は，絶対空間と絶対時間といった不変の枠組みおよび世界観を前提としているのだ。

ニュートン力学に対して，アインシュタイン力学，特に特殊相対性理論（観測者に重力，すなわち加速度が加算されない特殊な状況での力学法則）は，次のような前提に立っている。すなわちそれは，絶対空間を否定するとともに，相互の運動状態（静止／運動の見え）の関係そのものを重視するということを前提とする。また，それは，絶対時間を否定し，各々の個体が時間の流れを持つこと，したがって個々によって時間が速くなったり遅くなったりするというように，時空が相対的なものとなることを前提としている。

時間認識の差異はともかく，空間認識について両者の差異を述べると，ニュートン力学ではまず初めに容れ物としての空間（絶対空間）がありきであり，その容器の中で物体が運動したり変化したりすると捉えられるのに対して，アインシュタイン力学ではまず初めに物体が存在することありきであり，その物体の運動や変化によって容れ物としての空間に意味が生じるのである。後者をアインシュタイン的に述べると，物質の存在（重力）によって空間が歪む（曲がる）ことになる。また，世界観から見ると，ニュートン力学が永久不変の世界観となるのに対して，アインシュタイン力学は常時，変化する力動的な世界観となる。

このように比較して見ると，新実在論の唱える無世界観および意味の場の存在論は，アインシュタインの世界観，すなわち力動的で多様な世界観に近いことがわかる。

（3）新実在論の要点――何が革新的か

以上，ガブリエルを敷衍しながら，新実在論の本質を捉えてきた。そこで私見を交えつつ，新実在論の要点をまとめることにする。

まず，新実在論は，形而上学（旧来の実在論，または素朴実在論）と同様，対象そのものが実在すること，すなわち観察者（の視点）に依存しないものの実在を容認する。端的にいうと，ヴェズーヴィオ山そのものは実在するのだ。

もっというと，ヴェズーヴィオ山は，人間（観察者）が居ても居なくても，実在することになる。新実在論は形而上学の立場を容認するのだ。

ところが，新実在論は形而上学と異なり，観察者の視点（パースペクティヴ）を介在した対象が実在することを容認する。対象は，観察者の視点の併存および相互的交渉によって複数化され豊富化される。新実在論は構築主義の立場を容認するのである。

こうして，新実在論は，形而上学と構築主義の双方を容認するが，新実在論は物自体，またはそれに類するものを前提としている。つまり，新実在論においては，対象そのものと直にかかわることができるということ［＝形而上学の容認］と，各々の観察者がこの，対象そのもの（＝物自体）を共有しているからこそ，個々の視点（パースペクティヴ）によって捉えることができるということ［＝構築主義の容認］が矛盾なく両立しているのである。このような意味で，新実在論は構築主義およびその進展態であるポストモダン思想を経由した新しい形而上学なのである。

ところで，新実在論は，（ガブリエルがドイツ語圏に属することも関係して）後期ハイデガーの性起思想を模範に，「世界は存在しない」という無世界観の立場を採る。つまり，世界は自らを退隠しながら，物，（物を述定する）事実，（物や事実を配置する）対象領域を現象させる領域である。

また，新実在論は，「世界は存在しない」という否定的存在論に加えて，意味の場の存在論という肯定的存在論を提唱する。肯定的存在論は，「限りなく数多くの意味の場が必然的に存在する」と「どの意味の場もひとつの対象である」といった２つの主命題から成る。存在することは，何らかの意味の場に現象することであるが，この「存在すること」は，物，事実，対象領域といった存在的－認識論的なレベルとは，ハイデガーのいう存在論的差異と同様，レベルが異なる。何かが意味の場に現象することは，私たちが何かと「出会う」という個別的かつ実存的な体験に通底していると考えられる。この点については後で頭足類身体論の立場から見ていくことにしたい。

補遺　新実在論と思弁的実在論

以上，ガブリエルの提唱する新実在論について論述してきたが，新実在論と同時代のポストモダン思想以降の新たな思想として，Q.メイヤスーの提唱した思弁的実在論［Meillassoux，2006=2016］がある。本書では，新実在論だけに注目しているが，思弁的実在論は新実在論とかかわりがあるということで，最小限，言及しておくことにする。

ところで，思弁的実在論の主要概念として「相関主義（correlationism）」と「祖先以前的（ancestral）」領域を挙げることができる。

まず，「相関主義」とは何かというと，それは，存在するもの（ものや他者）は必ず，私たち人間の認識とのかかわりを通して存在する，という捉え方である。相関主義の鼻祖は，I.カントである。カントは，D.ヒュームの影響のもと提唱したかの有名なコペルニクス的転回によって，世界は私たち人間にとって自らの有する感性・悟性によって現象するのである。存在するものはすべて，私たち人間にとって存在するのみなのである。たとえば，眼前に「腕時計がある」という場合，この物（腕時計）は物自体としてあるがままに立ち現われるのではなくて，私たち人間がこの物（腕時計）を知覚するという，知覚と存在物とのあいだの相関のうち立ち現われるのだ。この場合，意識と存在とのあいだの相関だけが重要なのである。相関主義については，前述した構築主義のように，真なるものが人間が他の人間との相互行為によって間主観的に定位されるという捉え方が存在するが，筆者は相関主義を構築主義と異なるものと捉えている。というのも，相関主義は人間という観察者と対象とのあいだの相関が重要なのであって，人間同士の相互的かかわりは副次的な事柄，否，どうでもよい事柄なのである。

ところが，思弁的実在論からすると，こうした相関主義は私たち人間が有限であることに帰せられる。つまり，私たち人間が有限であることにおいて思考や認識は，相関主義という閉域（＝「内部」）に囲繞・幽閉されているのであって，その「外部」を不問にしてきた。もしかすると，私たち人間の思考・認識の「外部」にこそ，真なるものが実在しているかも知れないにもかかわらずに，である。

以上のことから，思弁的実在論は，「内部」に閉ざされた相関主義を乗り超え，「外部」の実在へと向かう（いわゆる実在への殺到）。その際，重要になるのが，「祖先以前的」領域である。「祖先以前的」領域とは，科学の著しい進展によって，たとえ人間が不在の状況でも真理であると実証することのできるさまざまな分野のことを意味する。たとえば，放射性原子核の崩壊速度に基づく化石の年代測定の高精度化である。いわゆる放射年代測定法である。これは，適当な半減期を持つ放射性物質をさまざまな年代に適用するものである。たとえ人間という観察者が不在であっても，現代科学によって明らかに正しいと実証することができる事象は多々存在するのだ。

ただ，思弁的実在論では，相関主義の立場に立つ「内部」の思考・認識と，相関主義を超える「外部」の思考・認識を棲み分ける立場として「信仰主義」［同前］を提唱する。この考え方は，宗教一般に見られるものである。宗教の場合，理性や知性にとって接近することのできない超越的なものを（理性や知性の）「外部」に見出し，その「外部」の実在に接近するものとして信仰を措定するのだ。裏を返せば，信仰は有限者が無限者に接近するための行為なのである。信仰によって「外部」は仮構されるのだ。

思弁的実在論は，人間という観察者不在の「祖先以前的」領域の真の実在に向かう通路を作り出そうとする試みであり，その手段を数学的思考に求めるが，こうした戦略に何ら根拠は存在しない。数学が用いる数式や法則もまた，人間の意識が存在とかかわる上でのツールであることから，数学もまた相関主義の立場を採るのである。

以上，思弁的実在論の本質が明らかになったいま，それと新実在論の根本的な違いについて述べることにしたい。この点については前述したように，ガブリエルは後期ハイデガーの性起思想に基づきながら，世界が自ら退隠することによって言明を行う主体に対してその言明を可能にするものとして対象領域を与える。つまり，世界は存在しないことによって対象領域を主体に付与するのだ。この点について，『神話・狂気・哄笑』の訳者解説の岡崎龍は，注目すべきことを註釈で述べている。「ガブリエルが後期ハイデガーの『退隠』ならびに『性起』概念を，世界をある種の言明に対してのみ特権的にアクセス可能にしてしまうような見方を克服するものとして積極的に評価しているのに対して，メイヤスーは『性起』の概念を相関主義として退けている。」［岡崎龍，2018：333］，と。私見によると，性起および退隠は，人間と世界の媒体もしくは相関ではないのである。

Ⅱ．頭足類身体の公理系

1．頭足類画のロゴス

筆者は，３歳未満の乳幼児が描く頭足類画の機序と，彼らの生きられる頭足類身体の論理を東久部良信政の『頭足類の人間学』などを手がかりに，『頭足類身体原論』［中井，2018］としてまとめた。ここでは，主に３歳未満の幼児の生きられる頭足類身体の論理およびその世界を論述するが，それに先だって頭足類画と頭足類身体の複雑な関係について言及しておきたい。

頭足類画とは，２～３歳の頃の幼児が，円状の線描で描かれた頭に直接，手や足を付ける表現様式によって人物（実は，自分自身）を描く描画のことである（頭足類画は，幼児の自画像である）。正確には，この発達画期の幼児は，円状の形体（円形）である頭に眼，口，鼻を描き，「円形＝頭」の外に手や足の線を描く。このような描画が胴体がなく，手足が頭部領域から出ていて，タコやイカといった頭足類と類似していることから，これは「頭足類画（tadpole）」と呼ばれる。しかも，頭足類画は，世界中の民族に共通して，個体の幼少期に等しく見出される。ところが，３歳以降になると，頭足類画はほとんど見られなくなり，より完全な人物表現（人物画）へと近づく。幼児が人体のパーツが揃った人物画を描くことができるようになるのは，個体としての「私」が「個体」としての「他者」とかかわるようになるとともに，幼児の中に性格・人格や感情・自己感情が形成されるようになる，３歳以降になってからである。この頃になって幼児は，自他未分化の状態を脱して自他分離・主客対立において他者を認知するとともに，自然に他者を巻き込む情動ではなく，知性によって制御される感情および自己感情によって他者とかかわるようになる。そのため，３歳を過ぎた頃から幼児は個体としての性格・人格，総じて個性を強調するようになる。いわゆる反抗期への移り変わりである。

ところで，３歳未満（特に，２歳後期）の幼児がなぜ，頭足類画のような奇っ怪な絵画を描くのか――この点については諸説があるが，筆者は児童心理学者のE.ワロンや精神分析家のJ.ラカンなどが提唱する鏡像段階を手がかりに，未だ「主体」形成・成立以前の幼児がどのようなメカニズムによって頭足類画を描くのかについて解明した。

前述したように，思弁的実在論は，I.カント（のコペルニクス的転回）以後，すべての事象が意識（私）と対象（存在）の間主観的な「相関」の所産にすぎず（「相関主義」），私たちの思考は「相関主義」という「有限性」の「透明な檻」のなかに閉ざされてしまったと，相関主義を否定している。ところが，よくよく考えて見れば，この場合の「意識（私）」はすでに「意識」を形成・確立したものであることが前提とされている。

乳幼児を観察すれば，一目瞭然であるように，私たち人間は生まれた直後から意識や心や感情を形成・確立した「主体」であるわけでは決してない（その証拠に生まれてまもない乳児は泣いても涙を流さない。というのも，乳児には涙腺もなく，感情も備わっていないからだ)。それどころか，人間は生後 10 数ヶ月間，自我も十分，形成・確立しないまま，他者の保護を受けながら生き存えるのだ。生後からこの期間の「主体」をどのように捉えるのか——そのときに有力な手がかりとなるものが鏡像段階なのである。

頭足類画のメカニズムは，２つの自己，すなわち「Ｉ」と「me」から成る鏡像段階の理路から解明することができる。ここでは結論だけを示すことにしたい（鏡像段階について述べることは，本書の目的ではない)。

頭足類画のメカニズムは，次の通りである。すなわち，「ばらばらに寸断された身体像」の状態にある幼児が，鏡像段階を通して鏡に映る他者の身体（鏡像）を自己の身体だと見なし，その鏡像へと自己逃亡を計ることで「Ｉ＝me」というように，可視的な身体を入手し，視覚的レベルでの自己統合を行いながらも，それ以前の不可視の「Ｉ」が「Ｉ」を自己迎接しようとする，こうした両者の鬩ぎ合いの結果，生み出された所産が頭足類画なのである。つまり，頭足類画は，幼児の中で「Ｉ＝Ｉ」から「Ｉ＝ me」への跳躍それ自体を受け入れつつも，不可視のあるがままの私へと立ち還ろうとする揺れ，すなわち「Ｉ＝ me」から「Ｉ＝Ｉ」への揺り戻しを示すものではないかと考えられる。

以上のように，頭足類画は，「主体」が形成・確立されていない幼児が，「Ｉ＝Ｉ」から「Ｉ＝ me」への跳躍およびその受容（＝鏡像段階の習得）と，形のある「Ｉ＝ me」から形のない「Ｉ＝Ｉ」への立ち返り，とのあいだの揺れの表れなのである。ただ，頭足類画は，単なる理論的仮説ではない。実は，他者のまなざしとの相克の中で存在論的不安定性を抱え込み，統合失調症質（分裂病質）に罹患したスキゾイドが抱く頭足類的心像を分析・考察することにより頭足類画のメカニズムは解明することができるのである。R.D.レインの患者，ピーターの記述を手がかりに，簡潔に述べると，次のようになる。

スキゾイドは自らの実存そのものを救出するために，日常，他者とかかわる肉体を持つ自己（「me」）を「偽の自己」と見なし，トカゲの尻尾切りのように，それを自己から切断する，その一方で「真の自己」（「Ｉ」）は意識の内奥へと逃亡して純粋意識と化す。ただ，こうした「自己逃亡＝自己救済」の戦略は，他者からの侵入によって失敗せざるを得ず，精神病（狂気）への道と至ることになる。このように，スキゾイドは，たとえ歪んだ形であるにせよ，「Ｉ」を「Ｉ」として自己迎接する鏡像段階の習得以前または途上の乳幼児と類似した実存様式なのである（両者はともに，「Ｉ」を「Ｉ」として自己迎接する点では同じであるが，両者の違いは，幼児の自己迎接が「豊かな」自閉であるのに対して，スキゾイドの自己迎接は「貧しい」自閉であることにある)。

以上のように，３歳未満の幼児が描く頭足類画のメカニズムは，スキゾイドが抱く頭足類画的心像の分析・考察を通してあらためて解明することができる。さらに重要なことは，頭足類画のメカニズムが鏡像段階という理論仮説によって解明されたものであるのに対して，スキゾイドの頭足類画的心像およびそれを契機に展開される，「Ｉ」と「me」の関係は生きられるものだということである。前者が「知られたもの」だとすれば，後者は「生きられたもの」である。両者を比較する場合，前者よりも後者の方が主体の経験を介したものであることからより重要だということはいうまでもない。

これで幼児の頭足類画の機序，およびそれと通底するスキゾイドの頭足類画的心像の機序が明らかになった。そこで次に，頭足類画を描く３歳未満（特に，２歳後期）の幼児の生きられる頭足類身体の論理とその世界を述べることにしたい。

2．生きられる頭足類身体の原論理

（1）H.ワロンの発達心理学

これから生きられる頭足類身体の論理と世界を論述するにあたって断っておくべきことがある。それは，前節で述べた頭足類画を描く幼児が2歳中期以降に限定されていたのに対して，頭足類身体を持つのは，０歳から３歳未満の乳幼児すべてであるということである。つまり，頭足類身体は，頭足類画を描く幼児をベースに命名されたものでありながらも，十全に身体を所有しておらず，身体意識を持たない乳幼児の身体およびその認知・感情様式を指すのである。総じて，頭足類身体とは，３歳未満の乳幼児の身体と世界なのである。

ところで，３歳未満の乳幼児の発達過程とその独特の認知・感情様式を活写したものとして，ワロンの『児童における性格の起源』［Wallon，1949=1970］がある。ワロンは同書で３歳未満を発達上の分水嶺と捉えている。同書の主役は３歳未満の乳幼児である。その意味で，同書は児童心理学の金字塔であるどころか，まさに頭足類身体の世界を精緻にかつヴィヴィッドに記述した唯一の発達心理学の労作であると断言することができる（詳細は，［中井，2018］を参照されたい)。

筆者は，同書を手がかりに頭足類身体の論理と世界を，「混淆的社交性と絶対的他者の発見――自他未分化の状態での他者」，「嫉妬と同情――他性としての自己」，「表象と緊張活動（トーヌス)」というように，３つに分節化してまとめたが，同書から導き出されてくる顕著な知見だけを記述すると，それは，次の通りである。

３歳未満の乳幼児は，バルコニーの上からふくらはぎをかざして外をみせてやろうとした。また同様に，庭の小石を動かして石に新しいものを見せてやろうともした。また，ある幼児は，自分の左手を太郎君，自分の右手を花子さんと言って，二人が会話した。観察記録が物語るように，幼児は自己を外界（モノ）と同列に扱い，自己を他者化もしくは三人称化する。つまり３歳未満の乳幼児は，自他未分化の状態において自己を捉えているのである。

（2）私性の論理学──日常私性から非日常私性へ

ワロンの発達心理学のデータを根拠に，３歳未満の生きられる頭足類身体について見てきたが，さらに，この，生きられる頭足類身体の論理と世界の解明を進展させたものが，東久部良信政の「私性の論理学」である［東久部良信政，1978 ／ 1979］。「私性の論理学」とは何かというと，それは，未だ「私」ではない「私」を含む，「私」の個体発生史的様態，すなわち「私」が「私」として生成（発生）してくるその都度の様相で展開される論理の謂いである。裏を返せば，「私」は発生論的に生じるとともに，その都度変化する流動的なものなのであって，実体的なものとして固定的に捉えられないものなのである。「私性の論理学」という特別な概念は，そのことを言い当てている。

東久部良は，３歳未満の乳幼児の原論理を基準に私性の論理学を展開しているが，筆者はそのことを踏まえながらも，日常の形式論理（＝「日常私性」）からそれ以前の原論理（＝「非日常私性」），さらには，その基底の原論理以前の未生世界の論理（＝「未日常私性」）へと遡及するという仕方で私性の論理学を記述することにした。いま述べた３つの論理，すなわち，（日常の）形式論理としての「日常私性」，原論理としての（形式論理以前の）「非日常私性」，さらには，その基底の（原論理以前の）未生世界の論理としての「未日常私性」

をあらかじめ，**表 2** に示すことにする。

表 2　私性の論理学

I 型：日常私性

P ＝真

～P ＝偽

II 型：非日常私性

P ∧～P　　真（絶対真）＊

¬（P ∧～P）　偽（絶対偽）

III 型：未日常私性

((P ∧～P）∧ ¬（P ∧～P))　色

¬((P ∧～P）∧ ¬（P ∧～P))　空

＊私性の論理学の基準系：**P ∧～P　真（絶対真）**

：「私は私であり，かつ，私は私でない。つまり私は，私以外の他物や他者になることができる（＝変転させることができる）。端的には，私は何にでもなることができる。」

ところで，私たちにとって最も馴染みやすいのは，「私は私であり，私は私でないことはない。」，あるいは「ペンはペンであり，ペンはペンでないことはない（ペンは消しゴムであることはない）。」といった日常の形式論理である。これは，形式論理学でいうところの，同一律，排中律，矛盾律に準じたものである。これを私性の論理からすると，「Ｐ（私は私である）」＝「真」であると同時に，「～Ｐ（私は私でない）」＝「偽」である。しかも，「Ｐ＝真」および「～Ｐ＝偽」という論理は，日常世界において恒常的に成り立つ「日常私性」である。「日常私性」はアリストテレス以降の形式論理学に準拠するものである。

これに対して，３歳未満幼児の頭足類身体は，「私は私でありかつ私は私ではない。」という原論理となる。この「原論理」とは，アリストテレスの論理学以前の論理，すなわち形式論理学が生成してくるところの原基としての論理（「『原』論理」）のことを意味する。

ただ，この論理は，経験に沿ってよりアクティヴな記述へと変換することができる。すなわち，「私は私でありかつ私は私以外のあらゆるものである。」，と。さらに，それをもっとアクティブに表現し直すと，次のようになる。すなわち，「私を私以外のものである他物や他者に変転させることができる。」，と。

総じて，生きられる頭足類身体の原論理は，「私は私であり，かつ，私は私でない。つまり私は，私以外の他物や他者になることができる（＝変転させることができる）。端的には，私は何にでもなることができる。」と記述することができる。つまり，３歳未満の生きられる（幼児の）頭足類身体は，「私は私でありながら，私は私ではない。」である以上に，「私は私でありながら，私は私ではない。」ことによって「私は私以外の何か（＝他物や他者）になることができる。さらに，私は私以外のあらゆるものになることができる（＝何にでもなることができる。）」のである。「私は他の何かになる。」ということの内実は，Ａは～Ａ，すなわちＡ以外のＢ，Ｃ……Ｘになることができるということを意味する。総じて，「私は何にでもなることができる。」これはいわゆる変身の論理である。

ところで，前にワロンを引き合いに出したように，幼児は常に他の何かになりつつ，さまざまなドラマを繰り広げている。特に，生きられる頭足類身体である幼児の場合，自己と他者の区別は不分明であり，自己はすぐさま自己以外の何ものかになる。もっといえば，自己は他者に変身する。彼らはまさに，頭足類身体を生きられているのだ。

このように，３歳未満の頭足類身体は，自らの身体（肉体）を所有していないことによって，原論理で示される自己が自己以外の何ものかを生きられるとともに，独特の他者／世界の了解を行う。というのも，未だ身体（肉体）を所有していていない頭足類身体は，他者／世界了解の拠点として確固たる意識および自己意識を持たないことから，何ものかにかかわるとき，その何ものかへと融即（＝自己と自己以外のあいだに仕切りのない，相互的な溶け込み合い）および没入により，いわば無意識に一体になることで，それを端的に理解するからである。

繰り返し強調すると，頭足類身体は，頭足類画のように，頭と手足のみを描くことから見て，自らの身体（肉体）を所有していない。自らの身体（肉体）を所有していない人間は，個体および個体の中核となる人格・性格や感情を十全に所有しておらず，その分，いわゆる透明な存在として他者／世界の中へ直に入り込む（潜入する，または投射する）ことができるのである。

表2に示されるように，私性の論理学を「かつ」を示す「∧」と言う記号と，「否定」を示す「¬」を用いて機械的に展開すると，Ⅰ型の日常私性は，Ⅱ型の非日常私性になる。それを記述すると，「私は私でありながら（P），私は私ではない（～P）。私は他の何か（～P）になる。もっというと，私は何にでも（～P）なることができる。」となる。

この私性の論理（学）は，形式論理（学）でいうところの排中律を侵犯していることから，(非日常世界では成立しても）日常世界では成り立たない論理である。にもかかわらず，それは，頭足類身体の原論理としては標準系となる。

Ⅱ型（非日常性私性)，すなわち「私は私でありかつ私以外のあらゆるものである」という分割された私性の事態は，真と偽の私性を超越するところの絶対真の私性である。その理由は次の通りである。つまり，「私は私である」ことが真であり，「私は私以外のあらゆるものである」ことが偽であるところの私性は日常の私性であって，その世界も日常世界に属している，ところが，他方の「私は私でありかつ私は私以外のあらゆるものである」ことが絶対真であるところの私性は非日常の私性であって，その世界においては，日常的な世界は，非日常的な巨大な宇宙，ないし形而上学的な存在宇宙に変貌しているのである。

（3）人間初期の原初的思考と人類の原初的思考――その共通点

ところで，このⅡ型（非日常私性）に匹敵する論理学として，人類の原初的思考・論理であるエレア派（古代ギリシア哲学）のパルメニデスを挙げることができる。

パルメニデスの論理学は，次の２つに集約することができる。

一つは，あるものはある，ないものはない，という論理である。

もう一つは，真にあるところのものは，連続一体・不生不滅で変化もしなければ運動もしない全体として，同質の球体を形づくっている。この全体は，対立物の合一したものではない。なぜなら，対立と言うものも存在しないからである。これに対して，運動・変化・多なるものは，死すべき人間のドクサにすぎない，という論理である。

パルメニデスの論理を原論理に置換して述べると，次のようになる。

私は私でないことにより，私は私以外のあらゆる他物に変転して，世界の隅から隅まで流出していき，かくして私でない方の片割れの私が全宇宙とぴったりと一致する。そして，その片割れの私が織りなす宇宙を残余の私が考察してみると，そこでは日常世界とは異質の非日常的な形而上学的世界の所作が現出しているのである，と。

アリストテレスの同一律，排中律，矛盾律に対して，パルメニデスのそれら（三律）は，次のようになる。すなわちそれは，絶対真の私性は絶対真であり，絶対偽の私性は絶対偽の私性であるという「同一律」，絶対真である私性と絶対偽である私性とによって峻別されているとする「排中律」，絶対真の私性が絶対偽の私性であることは不可能であるという「矛盾律」，である。

このように，３歳未満の生きられる頭足類身体の原論理と，パルメニデスの論理（原論理）は，同型的である。つまり，人間の個体発生（発達）初期の思考・論理およびその世界と，人類の系統発生初期の思考・論理およびその世界は，原論理として同一なのである。ただ両者に違いがあるとすれば，それは，人間発達初期（幼児）の場合，人類発生初期（パルメニデスら）のように，日常と非日常の区別をはじめ，非日常と化した日常世界における形而上学的世界の現出は起こり得ないことである。３歳未満の頭足類身体は，「何にでもなることができる」という傾性および可能性を持つといっても，パルメニデスのように，宇宙のように（日常経験を介さない）観念的な「宇宙」（＝形而上学的実在）になることはできないのである。

パルメニデスよろしく，「あるものはある，ないものはない。」と言うように，世界が「有らず」，すなわち存在が消滅・消去・無化されるところの非存在ということは思考不可能であるが，「あるものはある」ことにおいて，存在するものとしては，「私としての私」であっても，「私が他の何か（＝私以外の何か，もしくはすべてのもの）」でもよいことになる。しかも，存在するものは，生成・消滅・運動しない，いわゆる非日常的な世界となる。突き詰めれば，それは，有限存在である人間から見ると，“無限”とも言うべき宇宙そのものである。このように，パルメニデスの論理（学）は，３歳未満の頭足類身体のように（それ以上に），絶対真の非日常私性を現出させるのである。

ところで，パルメニデスの非日常私性に通底する論理を展開したのは，日本を代表する哲学者，西田幾多郎である。西田は，東洋的な禅の論理を展開する中で，「故に自己というものは，論理的には否定即肯定として，矛盾的自己同一的に把握せられるものでなければならない。」とか，「故に自己が自己矛盾的に自己に対立するということは，無が無自身に対して立つということである。真の絶対とは，此の如き意味において，絶対矛盾的自己同一的でなければならない。」と述べるように，パルメニデスと同様，自己の中に自己と相対立する自己が同時に存在すること，すなわち自己が「論理的には否定即肯定」という矛盾的自己同一的であるべきことを発見した。自己は自己であると同時に，絶対対立する自己，すなわち絶対的他者であることは，３歳未満の頭足類身体が体験するところの，「私は私でありかつ私は私以外のあらゆるものである」といった絶対真の私性または原論理と同じなのだ。それは，パルメニデスの原論理と同じく，「Ｐ∧～Ｐ」と表される。

（4）非日常私性から未日常私性への遡及

ところで，パルメニデスの非日常私性は，「Ｐ∧～Ｐ　真（絶対真)」で足踏みをしている。裏を返すと，パルメニデスは独自の形而上学的世界を構築しながらも，存在が消滅したり無化したりするような非存在を受け入れることができなかった。ここにパルメニデスの限界がある。ところが，私性の論理学は，**表2**に示されるように，非日常私性が最終段階ではないのだ。その基底には未日常私性が見出される。

実は，Ⅱ型の非日常私性は，絶対真の私性にとどまらず，絶対偽の私性が存在する（論理学から機械的に生成されてくる)。それがすでに示した，もう１つの非日常私性である「¬（Ｐ∧～Ｐ）　偽（絶対偽)」である。これは，「私は私である」ことと，「私は私でない」ことの両者がともに消滅したところの絶対的無化である私性を意味する。つまり，Ⅱ型の非日常私性は，「私は私であり，かつ，私は私以外のあらゆるものである」という絶対真の私性を消滅・無化させるところの絶対偽の私性を同時に成立させる論理なのだ。

この地点まで論理を遡及すると，もはや欧米的な思考様式では太刀打ちできないことがわかる。この点，西田はパルメニデスの絶対真の私性を超えて絶対偽の私性へと踏み込んでいる。その論理は，「¬（Ｐ∧～Ｐ）　偽（絶対偽)」であり，絶対無の論理である。そして，絶対無を介して私性は，絶対真の私性と絶対偽の私性の弁証法へと進展していくのである。それが次に挙げる「未日常私性」である（表２を参照）。

ところで，次に向かうべき私性の論理は，絶対真である私性と，絶対偽である私性の両者が未だまったく生じていなく，これらは根底からして未現出であるというような私性のことである。絶対真と絶対偽の私性を超越するところの「色」の私性と，「色」の私性を滅却させたところの「空」と名付けられる私性である。要するに，すべての世界がそこから生成・現出するところの未生世界を示す私性の論理が要請されるのである。

空の私性とは，絶対真である私性と，絶対偽である私性の両者が未だまったく生じておらず，これらは根底からして未現出であるというような私性のことである。なお，この未日常私性は，中観派の龍樹のレンマの思想に通底する。

これまで，私性の論理学を日常の形式論理からそれが生成する以前の――もしくは基底の――非日常私性（原論理），さらなる基底の未日常私性（空性の私性）へと遡及しつつ，展開してきた。本書で中心となる私性は，表２に記述したように，いうまでもなく，非日常私性，特に「Ｐ∧～Ｐ」が真となる絶対真の私性である。それはまた，古代ギリシャのパルメニデスの非日常私性に通底するものである。繰り返し強調すると，私性の論理学からすると，３歳未満の幼児の頭足類身体の原論理と，古代ギリシャ哲学者の原論理はまったく同一の形式を採る。

両者の原論理は，「私は私でありながら，私は私でない」（Ａ∧～Ａ），そして，それを進展させた，「私は私でありながら，他の何かになることができる（何でもなることができる）。」（Ａ→～Ａ＝Ｂ，Ｃ……Ｘ）と示すことができる。勿論，前述したように，幼児の頭足類身体は，「他の何かになることができる」の「他の何か」は，他者やモノといった具体的かつ身近なものであるのに対して，古代ギリシャ哲学者の「他の何か」は，全宇宙といった形而上学的世界である。したがって，前者が日常世界に留まるのに対して，後者は非日常世界が日常世界を覆い尽くすことになる。こうした差異こそあれ，３歳未満の幼児の世界と古代ギリシャ哲学者の世界は，原論理であることにおいて通底しているのだ。それにしても，３歳未満の幼児にとって，（大人から見て）ありきたりの日常世界が「Ａ∧～Ａ」といった，変容・変身に満ちた驚きの連続の世界だということは，あらためて刮目すべき事実である（３歳未満の乳幼児が日常，繰り広げる世界が驚きに満ちた世界であることに私たちはうすうす気づいていても，これまでそのことを十分表現することができなかったのではなかろうか。こうした世界の豊饒性を頭足類身体の原論理は，極限まで表現し尽くしていると考えられる）。

（5）否定の概念の出現と身体意識の非所有化

以上，筆者は東久部良の私性の論理学を手がかりにまとめた著書を通して，３歳未満の生きられる頭足類身体の有する特有の原論理およびその世界について論述してきた。繰り返しになるが，結論は次の通りである。すなわち，頭足類身体は，「私は私でありながら，私は私ではない。私は他の何かになる。もっと言うと，私は何にでもなることができる。」という「Ⅱ型：非日常私性　Ｐ∧～Ｐ　真（絶対真)」の私性の論理に該当する，と。そして，３歳未満の乳幼児の生きられる頭足類身体においては，「私は私であると同時に，私ではなく，私以外の何ものにでもなることができる」がゆえに，この，頭足類身体は自らを他性化することで，現前にある，身近な個別の「木」や「花」になったり，同じく，「ロボット」や「ヒーロー」をはじめ空想上のものになったりすることができるのだ。しかも，「Ｐ∧～Ｐ」という非日常私性は，原論理として古代ギリシャのエレア派のパルメニデスの論理や形而上学的世界をはじめ，人類の系統発生初期の原初的思考に通底しているのである。

さらに，こうした乳幼児の生きられる頭足類身体が，自らの他性（自己の他者化）によってその都度その都度「～になる」，「～になることができる」といった自由自在の実存様式であるのに対して，スキゾイドの生きられる頭足類身体（正確には，頭足類的身体意識）は，他者とかかわる自らの日常的自己を否定するだけの――と同時に，純粋意識（Ｉ)へと逃亡する――ネガティヴな実存様式である。

ところで，生きられる頭足類身体の論理は，「Ｐ∧～Ｐ　真」と示される原論理であるが，この原論理を実存様式とすることができるのは，前述したように，３歳未満の乳幼児，スキゾイド，そして人類の原初的思考を展開したパルメニデス（エレア派）であった。ここで「Ｐ∧～Ｐ　真」の記号式に再度，注目すると，原論理には「Ｐ＝真／～Ｐ＝偽」と示される形式論理とは異なり，「～Ｐ」という「否定の概念」が出現しながらも，「真」として成立している。

ここで何をいいたいのかというと，それは，論理における「否定の概念」と，身体意識の非所有化，すなわち身体（身体意識）の否定とのあいだには，何らかの相関関係があるということである。つまり，身体（身体意識）を十全に所有していない者（特に，３歳未満の乳幼児やスキゾイド）は，「生きているのに，生きていない」というような，生の肯定即否定といった矛盾した世界を生きられていると考えられるのだ。繰り返し強調すると，身体（身体意識）の非所有化は，自らの生の中に否定を妄想してしまうのである。

筆者は，著書の中で，統合失調症の否定妄想，すなわち私（自己）についての属性が次々と消失していき，最後には自分の存在自体もなくなってしまうという妄想が，３歳未満の乳幼児の頭足類身体への回帰（退行）だと述べたが，統合失調症におけるこうした否定概念の出現は，自らの身体意識の非所有化もしくは希薄化と相関しているわけである。極論すると，身体意識の非所有化は，否定の概念を含む原論理を析出してしまうのである。何らかの病気や事故などで不幸にも，十全の身体意識を持ち得ない者は，頭足類身体を生きられてしまうのではなかろうか。

Ⅲ．新実在論と頭足類身体論のダイアローグ

1．3歳未満の乳幼児の生きられる頭足類身体とその世界なき意味の場

これまで，Ⅰ章で新実在論を，Ⅱ章で頭足類身体論を，各々論述してきた。では，新実在論と頭足類身体論は，どのようにクロス（あるいは，スパーク）するであろうか。その糸口を，3歳未満の乳幼児の生きられる頭足類身体の側から見つけ出すことにしたい。

前述したように，頭足類身体は，3歳未満の乳幼児の生きられる論理（＝原論理）と世界であった。この，生きられる頭足類身体の原論理は，定式化したように，「私は私であり，かつ，私は私でない。つまり私は，私以外の他物や他者になることができる（＝変転させることができる）。端的には，私は何にでもなることができる。」，すなわち「Ｐ∧～Ｐ＝Ａ，Ｂ，Ｃ……Ｘ」となる。原論理は，「Ｐ∧～Ｐ」と示されるように，同一律，排中律，矛盾律を破るが，それは，形式論理が成立する以前の論理だからである（なお，人類の原初的思考のひとつであるパルメニデスの哲学も，原論理となるが，ここでは取り上げ

ず，専ら幼児の原論理に焦点化したい)。

ところで，「Ｐ∧～Ｐ＝Ａ，Ｂ，Ｃ……Ｘ」と定式化される頭足類身体の原論理は，新実在論と同じく，まず初めに容れ物としての空間という枠組み，すなわち全体を統一する世界を前提としない論理である。具体的にいうと，頭足類身体を生きられる幼児はたとえば，その都度その都度，眼前に実在するこの「花」になったり，この「人形」になったり，この「クッキー」になったり……という具合に，特定の枠組みを超えて――それに囚われることなしに――自ら固有の世界を展開する。しかもこの場合，幼児が融即する――自己と自己以外のあいだに仕切りのない，相互的な溶け込み合う――，この「花」は眼前にある現実のこの〈花〉だけでなく，夢で見たこの《花》であったり，絵本に登場するこの《花》(たとえば，『はなをくんくん』に登場する，[春を告げる] あの黄色の花) であったりする。幼児はその都度その都度，具体的，個別的なものになる (＝生きられる) が，その総括を行わない (そもそも，幼児にとって総括は論外のことである)。こうした幼児の体験は，バラバラなまま生きられることに意味があるわけであって，それをひとつの世界や物語へと収斂するものではない。

よくよく思い起こせば，私たちが幼児時代，体験したさまざまな事柄やできごとは，一定の秩序を与えられたり，意味づけをされたりすることは決してなく，各々の体験は体験そのものとして生きられていたはずである。裏を返せば，私たちは幼児のとき，強度の体験を行い，印象的な個別の記憶をしてきたはずである。そのときの体験や記憶は明確な文脈において想起することは困難であっても，何かを強くかつ激しく体験・記憶したこと自体は，いまでも心の奥底に刻まれているはずだ (たとえ，その体験や記憶が間違いであったとしても，である）。

このように，生きられる頭足類身体およびその原論理は，全体的には何を体験したのかはわからないが，強度の個別的な体験をしたことだけは確かなのである。見方をかえると，私たち大人はもはやこうした頭足類身体を生きられていない，すなわち原論理に基づく世界を生きられていないがゆえに，あらかじめ枠付けられた，容れ物としての空間（世界）の中で常識的な活動や習慣的な行動を淡々とこなしているにすぎない。ここで常識的というのは，形式論理の規則に準じた，という意味である。

いま，頭足類身体論から論述したことは，新実在論が提示する意味の場の存在論そのものであるといえる。というのも，新実在論は，意味の場が無数に存在しているが，それらを統一するところの世界が存在しないことを唱えているからである。つまり，前述したように，幼児は自らを他性化することでさまざまなモノ・他者になり，さまざまな強度の体験を行い，個々の体験についての鮮明な記憶を持つ。新実在論からすると，そのことは，幼児にとってさまざまな意味の場が存在するということである。ところが，幼児にとってさまざまな意味の場は，各々が独立した個別のものであって，それらがひとつの世界へと構成されるものではない。繰り返すと，幼児にとって個々の意味の場は，それ以外の意味の場とは相容れない独立したものなのだ。

このように，３歳未満の乳幼児にとって，それぞれの記憶は強烈な体験であるにもかかわらず，トータルには一体自分が何を体験したのかについてわからないのである。その意味では，多様な意味の場は，夢の世界と類似しているかも知れない。夢そのものは，それを「見て」いる者にとってきわめてリアルな意味の場であり——場合によっては現実のできごと以上にリアルであることも少なくない――，目覚めるまではその者にとって衝撃的なできごととなる。にもかかわらず，大抵の場合，夢はひとつの世界に集約することはできないのだ。

このように，私たちは未だ自己（自己意識）を持たない幼児（特に，３歳未満）の場合，何らかの意味の場だけが存在しているにもかかわらず，「世界は存在しない」ことを生きられるのである。

こうした捉え方は，徹底して思考・認識の枠組みを取っ払ったときに可能になる。私たち大人から見ると，幼児のように，個別の体験（＝意味の場）をひとつの世界にまとめることができないということは，稚拙に見えるかも知れない。だが，個別的な体験はヒュームのいう「印象」，すなわちありありとした強度の高い「観念」なのである。むしろ私たち大人は，ひとつの世界が押しつける枠組み（ニュートン力学でいうところの，絶対空間・絶対時間）に囚われることにより，個別の体験に出会うことも，強度の体験をすることも，阻止されてしまうのだ。

以上のことから，３歳未満幼児の生きられる頭足類身体がその都度その都度，眼前にある，もしくは空想上の，個体とかかわり，その個体そのものになるという体験およびその記憶は，新実在論が唱える，「世界は存在しない」が，多様な意味の場が存在することに対応している。頭足類身体の原論理は，自他未分化状態での，自己と他者のかかわり，ひいては，こうした状態での，自己が他者になることであるが，そのことは，意味の場の論理と符合する。というのも，意味の場は自己と他者をはじめ多種多様な存在をすべて包括するものだからである。世界は存在しないにもかかわらず，すなわち世界は退隠することで，多様な意味の場は存在する（開かれる）のだ。

以上のことから，新実在論が開示する意味の場およびそれを退隠しつつ開く世界は，３歳未満の乳幼児の世界と通底していると考えられる。

２．身体意識の非所有者とその世界なき意味の場

前述したように，３歳未満の乳幼児の生きられる頭足類身体は，未だ十全の身体意識を所有化しておらず，自らを他性化することで自由自在に他者やモノ「になる」実存様式を採るが，その論理は，「Ｐ∧～Ｐ　真」と示される原論理であった。また，こうした実存様式を採るのは，３歳未満の乳幼児以外には，人類の原初的思考を体現するパルメニデス（エレア派），そしてスキゾイドであった。

ところで，スキゾイドは，前述したレインの患者，ピーターのように，自らの実存そのものを救出（保持）するために，日常，他者とかかわる身体を持つ自己（「me」）を「偽の自己」と見なし，トカゲの尻尾切りのように，それを自己から切断する，その一方で「真の自己」（「Ｉ」）を意識の内奥へと逃亡させて純粋意識と化すといった生の戦略を採る。ただ，「Ｉ＝Ｉ」と「自己逃亡＝自己迎接」するスキゾイドの生の戦略は，「他者＝外部」からの侵入によって失敗してしまい，精神病（狂気）への道をたどることになる。

このように，スキゾイドは，日常，他者とかかわる「身体を持つ自己（me）」を否定すると同時に，「真の自己」（Ｉ＝Ｉ）を肯定するわけであるが，このときの身体像はピーター自らが吐露するように，頭足類的身体像となる。しかも，こうしたスキゾイドの論理は，「Ｐ∧～Ｐ」と示される原論理なのである。つまり，真の自己（Ｐ）と偽りの自己（～Ｐ）は，同時に成立するのだ。それは，非日常私性の「Ｐ∧～Ｐ　真」である。

問題は，「P∧～P 真」という原論理を生きられるスキゾイドのその後である。前に，スキゾイドの生の戦略は失敗に終わり，後は精神病（狂気）への道をたどると述べたが，それは具体的にどういうことなのか。具体的に示すと，「P（I＝I）∧～P（I＝ me)」がどのようになるのかという結末である。

これについて，筆者は，著書の中で，統合失調症の否定妄想について言及したので，それを簡潔にまとめることにしたい。

スキゾイド（分裂病質者）は生の戦略の失敗によって統合失調症者（重篤な精神病者）へと至る。この統合失調症者に顕著な妄想は，次に示すような否定妄想である［笠原嘉・須藤浩，1976：193-213］。

巨大観念。私は超人です。何でもできます。このコンクリートの壁もガラス窓も通り抜けることができます。自分が大きくなって万物の中に入ってしまって万物と区別がつかない。自分がひろがって宇宙が自分です。自分の苦しみは宇宙の苦しみです。宇宙と言うと限りがあるみたいに聞こえるかもしれませんが，自分は限りなく大きいのです。そして人間の苦しみを全部自分が引受けてしまって，人々がすっかり苦しみから解放されている。また人間だけの苦しみでなく，万物共通の苦しみを背負っているんでです。［同前：202］

否定観念。高校三年生の夏から性別もなくなりました。体はありません。内臓もありません。体がないから物に触れると言うことがないんです。親もありません。家もありません。言葉がないので誰とも通じません。名前をよばれても自分がないので返事ができません。感情がありません。見るとか聞くとか判ると言うことがないのです。私には何々している状態とうものがありません。

時間とか距離もありません。有ると言うことがそもそもないのです。[同前：200]

憑依観念。高一の頃から自分自身の存在がはっきりしなくなり，自分ではない力が自分をしゃべらせたり動かしたりした。自分の行動がの一つ一つが動かされて嫌だった。[同前：202-203]

このように，統合失調症の人たちは，３歳未満の頭足類身体へと回帰（退行）するわけであるが，彼らは，巨大観念，否定観念，憑依観念といった妄想世界を生きられることになる。３つのタイプに共通しているのは，自己と他者／世界の境界が溶けてしまい，いわゆる液状化してしまうことである。ただ，自己の境界の液状化，もっといえば，病的な自他未分化の状態がどのように起こるかによって，二次的にこれら３つのタイプに分かれることになる。あるいは，頭足類身体の原論理，すなわち「私は私でありながら，私は私ではない。私は他の何かになる。もっと言うと，私は何にでもなることができる。」のどの部分を強調するかによって説明することができる。つまり，巨大観念であれば，私が宇宙にまで肥大化することになり（＝「私は何にでもなることができる」），否定観念では私がすべてなくなってしまうことになり（＝「私は私ではない」），憑依観念では私が何ものかによって操られることになる（＝「私は他の何かになる」）。ここでいう憑依観念とは，私は私であって，私ではない，すなわち他者（何ものか）であり，その何ものかが私に言動を起こさせることになることを意味する（私は他の何ものか，実は，私から分離したもう一人の私によって突き動かされるのである）。

これら３つのタイプのうち，典型的な妄想は，否定観念（否定妄想）である。前述した否定観念の述懐からわかるように，私に関する属性が次々と消失していき，最後には自分の存在自体もなくなってしまう。論理における否定概念と身体の実質的否定のあいだには相関関係が存在するのだ。とりわけ，否定の概念の出現と身体との相関が深化されたものが，統合失調症におけるこの否定妄想なのである。いずれにしても，統合失調症へと至った人たちは，純粋意識と化した「Ｉ＝Ｉ」において次々と否定の概念が出現して自己崩壊をきたすことになるのである。

新実在論の立場から述べると，こうした統合失調症の人たちの世界もまた，「世界は存在しない」という前提のもと，妄想という形で意味の場が生み出される。前述した巨大観念であれば，私は「超人」であり，「このコンクリートの壁もガラス窓も通り抜けることができ」たり，「自分が大きくなって万物の中に入ってしまって万物と区別がつかない。自分がひろがって宇宙」になって，「自分の苦しみは宇宙の苦しみ」となったり，さらに，「万物共通の苦しみを背負う」ことになったりするのだ。こうした妄想には，意味の場は存在するが，世界は存在しない。否定観念や憑依観念についてはもはや言及する必要はないであろう。否定観念は，否定的な妄想の断片が次から次へと意味の場として紡ぎ出されるだけであり，そこにはこれらを統一する世界は登場してこない。憑依観念は，他者によって駆動される自己の妄想が次から次へと紡ぎ出されるだけであり，他の２つの場合と同じく，そこにはこれらを統一する世界は登場してこない。

こうして，統合失調症の人たちは，狂気ともいうべき妄想という意味の場を生きられている。それは，３歳未満の乳幼児の生きられる頭足類身体の世界や夢の世界と通底している。ただ，彼らは乳幼児とは異なり，豊かな妄想を生きられているわけではないし，夢の世界とは異なり，目覚めることのない狂気を生きられているのである。倒錯した形であるにしても，スキゾイドから統合失調症（精神病）への至る人たちは，文字通りの意味で狂気という意味の場を生きられているのだ。

結語

以上，新実在論と頭足類身体論がクロスする様態を論述してきた。できる限り，反復を避けつつ，結論を述べると，次のようになる。

ガブリエルによって構築された新実在論は，旧来の実在論（形而上学，または素朴実在論）を，構築主義およびその進展態としてのポストモダン思想（構造主義やポスト構造主義）を経由してメタモルフォーゼした，文字通り「新しい」実在論である。新実在論は，直にものそのものとかかわると同時に，個々人の視点（パースペクティヴ）が捉えた個々のものの多様性を認める特異な哲学であり，こうした認識論的－存在的な捉え方をさらに，世界は存在しないこと（＝無世界観）と意味の場によって存在論へと進展させるものであった。私見によると，ガブリエルの新実在論は，認識論的－存在的レベル（物・事実，対象領域）と存在論的レベル（意味の場）の，いわゆる存在論的差異を見定めつつ，後期ハイデガーの性起思想（＝世界は退隠することで対象や意味の場を開示するという世界構造）によって接ぎ木するものである。私見によると，新実在論が，単に認識論的－存在的レベルに終始するのではなく，意味の場の存在論を展開したことに意義を見出している。何かが「存在する」とは，（世界が退隠しつつもそのことを通して）意味の場が開示されることなのである。

このように，ガブリエルは高邁な理性によって形而上学と構築主義を統合するとともに，無世界観によって意味の場の存在論を構築したのである。繰り返すと，新実在論は理性によって構築された哲学・思想である。

これに対して，３歳未満の乳幼児の頭足類身体の論理と世界は，彼らがまさにこの頭足類身体を生きられることによって繰り広げられる，あまりにも人間的なものである。その論理と世界は，形式倫理以前の原論理，「私は私であり，かつ，私は私でない。つまり私は，私以外の他物や他者になることができる（＝変転させることができる）。端的には，私は何にでもなることができる。」，すなわち「Ｐ∧～Ｐ」に言い尽くされる。こうした乳幼児の論理と世界は，生きられる知・世界であって，ガブリエルの新実在論のように，理性の成せる業では決してない。ところが，乳幼児は頭足類身体を生きられることによって，ガブリエルのいうところの，「世界は存在しない」意味の場を生み出すのである。私見によると，３歳未満の乳幼児の生きられる頭足類身体の論理と世界を，理性の力によって哲学・思想にまで編み上げたものこそ，ガブリエルの新実在論ではなかろうか。私見によると，乳幼児が自らを他性化することで，自由自在に個別の物や他者になることは，無世界観のもと，多様な意味の場を生み出すことに通底している。

さらに，３歳未満の乳幼児の頭足類身体と同様，自らの身体意識を所有していないスキゾイドや統合失調症の人たちもまた，無世界観のもと，独特の意味の場を生み出している。ただ，統合失調症の人たちが生み出す意味の場とは，無世界観のもと，私を含むすべてを否定し続ける，否定妄想の意味の場であり，それは狂気の世界にほかならない。スキゾイドや統合失調症の人たちの生きられる頭足類身体は，3歳未満の乳幼児の生きられる頭足類身体への回帰（退行）なのである。

このように，3歳未満の乳幼児とスキゾイドや統合失調症の人たちは，生きられることによって「世界は存在しない」多様な，もしくは独特の（異形の，または狂気の）意味の場を生み出すのである。したがって，新実在論と，2つの頭足類身体の相違は，前者が考えられた（知られた）ものであるのに対して，後者は生きられたものである，ということにこそ存在するのである。こうした根本的な相違を超えて両者はクロスしているのではないかというのが，現時点での筆者の結論である。

補遺　構築主義の先駆者としてのカント

――『純粋理性批判』を中心に

Ⅰ章でガブリエルから引用したように，構築主義やポストモダン思想は，カントの「緑色の眼鏡」を信じているのであり，その意味でカントは構築主義の先駆者なのである（構築主義とポストモダン思想の違いは，信じている「緑色の眼鏡」が一つか多数かの違いである)。ここでは構築主義の先駆者としてのカントの哲学をまとめることにしたい。

一般に，私たち人間が主体となって対象を把握することを「認識」と呼ぶ。認識に関する先駆けとしてまず思い浮かぶのは，I.カントである。ここではカントの認識についての考え方，すなわち認識論をベースに，人間にとって認識とはどのような営みであるのかについて述べていくことにする。その手がかりとして，カントの主著『純粋理性批判』［Kant, 1787=1960-1961］が見出されるが，カント研究の立場からではなく，その著書の中で展開される思考過程を敷衍していくことにしたい。

ところで，カントの認識論をベースにするとき，認識論には大陸合理論とイギリス経験論という２つ立場がある。

まず，大陸合理論とは何かというと，それは，人間の認識の起源を理性に求める立場のことである。端的に，「合理主義」と呼ばれる。ここでいう理性とは，私たち人間に生まれつき備わっているとされる知的能力，すなわち合理的に物事を認識する能力の謂いである。合理主義の立場では，生まれつき備わっている理性が重要視されるため，認識においては感覚的経験が不必要とされてきた。

これに対して，イギリス経験論とは何かというと，それは，人間が得られる知識や理論，すなわち認識の起源を感覚器官に基づく経験に求める立場のことである。端的に，「経験主義」と呼ばれる。これは，対象を知覚して初めて認識が得られるという立場のことである。

以上のように，大陸合理論は「合理主義」の立場であり，イギリス経験論は「経験主義」の立場である。カントは当初，大陸合理論（合理主義）の立場に立っていた。ところが，一見，相反するように見える合理主義と経験主義にはある共通点があった。すなわちそれは，私たち人間には生まれつき，理性が備わっていて，その理性が普遍的な思考能力であるという前提である。合理主義はともかく，経験主義もまた，当時は普遍的な思考能力としての理性の存在を前提としていたのだ。

この点を踏まえて合理主義と経験主義の違いを捉え直すと，それは，合理主義が経験によって得られる知識の確実性よりも人間の理性を重視したのに対し，経験主義は人間の理性よりも，経験によって得られる知識の確実性を重視したということになる。簡潔に示すと，合理主義が「理性＞経験」であるのに対して，経験主義は「理性＜経験」である。この２つの立場は，理性の存在を前提としながらも，自らの認識論の正しさを確信していたのである。

ところが，合理主義も経験主義も，各々，問題点（脆弱性）を抱えていた。つまり，合理主義では，極度に理性を盲信することによって独断論に陥るのに対して，経験主義では全面的に理性を否定することによって懐疑論に陥ることになる。

ところで，合理主義と経験主義の立場を超えて，従来の認識論では，認識は対象にしたがって規定されると考えられていた。すなわち，認識の主導権は，客観の世界にあり，認識の課題は，主観の世界をその客観の世界に一致させることであった（これは，唯物論の反映論に類似した捉え方である）。このとき，私たち人間の認識は，主観が客観をどれだけ正確に捉えられえるか，すなわち主観が客観と一致させられるかが要請されたのだ。客観と主観の一致に関して，合理主義は理性を，経験主義は経験（知覚）を，各々，頼りとしたのである。

しかしながら，カントは，私たち人間の認識を根本的に転換した。かの有名なコペルニクス的転回である。カントが認識論においてコペルニクス的転回を行う契機となったのは，D.ヒュームの因果律についての考え方である。一般に，因果律とは，原因と結果を結ぶ法則のことである。具体的には，Ｂという結果が起こるには必ずＡという原因がなければならないという法則である。たとえば，テーブルの上からガラスのコップが落ちてそのコップが割れたとする。普通，因果律は，れっきとした普遍的法則であり，科学的認識のベースとなっていて疑う余地のないものである。科学は，事象の因果律の発見によって進展してきたといっても過言ではない。

ところが，経験主義に立つヒュームは，因果律を真っ向から否定したのである。ヒュームは，因果律を私たち人間が経験することができないものと見なした。具体的には，テーブルの上からガラスのコップが落ちてそのコップが割れたということは，コップが机の上から落ちるといった事象を目で見た（視認した）後に引き続き，コップが割れたということを目で見ただけのことであり，私たちは因果律そのものを経験したわけでは決してない。経験則によれば，コップが落下したことと，コップが割れたことは，私たち人間が思考や想像によって勝手に結びつけた恣意的なものにすぎないのだ。したがって，因果律は普遍的な法則ではないのだ，と。因果律は，私たち人間がまったく別の事象，AとBを結合させた結果に過ぎないのだ。ただ，もし私たち人間が因果律を経験できないとすれば，こうした因果律の上に築かれた科学もまた，不確かなものとなってしまう。この場合，科学は自然科学を超えた形而上学（メタフィジックス）になるのである。

そこでカントは，ヒュームの因果律批判に反論し，科学の確定性を立証しようとした。ところが，その過程でカントをして言わしめた，かの有名な言葉，「独断のまどろみから覚まされた」という体験をするのである。ではカントは経験主義に立つヒュームから何を学びとったのであろうか。

前述したように，カントは元々，合理主義で理性を重要視していた。ところが，ヒュームの因果律批判によって，理性の能力そのものを厳密に吟味・検討する立場へと転じたのである。つまり，カントの『純粋理性批判』という著書名よろしく，ヒュームの思考に遭遇するまで何ら疑うことなく，信奉してきた理性そのものを吟味・検討したのだ。これは理性批判の本義である。そのことを契機にカントは批判哲学を展開する。

結論から述べると，カントは，合理主義と経験主義の統合を試みた。繰り返すと，カントが登場するまでの，いわゆる従来の認識論においては，認識は対象にしたがって規定されると考えられてきたが，コペルニクス的転回よろしく，それとは真逆に，対象は認識にしたがって規定されるとしたのである。コペルニクス的転回によって，いまや，認識の主導権は客観から主観へと移ったのだ。

ヒュームによって「独断のまどろみから覚めた」カントは，合理主義の立場から一転して経験主義の立場に立って思考を展開するのであるが，カントの経験主義は，従来の経験主義とは一線を画している。つまり，従来の経験主義において，人間の認識はすべて経験に合致しなければならないものであった。ところが，カントの経験主義は，次のようなものである。すなわち，人間の認識は経験とともに始まることは疑う余地のないことである，にもかかわらず，人間の認識のすべてが経験から生成してくるわけではないのだ，と。つまり，従来の経験主義が考えたように，人間の認識は経験に合致するとき生成してくるわけではない。むしろそれは，経験が人間の認識の枠組み（スキーマ）に合致するとき初めて生成してくるのである。裏を返せば，経験が人間の認識の枠組みに合致しない限り，認識は生じ得ないのだ。ここでいう人間の認識の枠組みがガブリエルが述べた「緑色の眼鏡」に相当する。

そしてカントは，経験との関係において生成してくるこうした認識のメカニズムを説明するために，人間の認識能力を感性，悟性，理性の３つに分けた。

まず，感性とは，対象を認識するための感覚的受容作用のことである。私たちにとってすべての対象は感性を通して与えられる。感性の有する能力は，特に「直観」と呼ばれる。論理的に示すと，対象→感性→直観，となる。

感性を通して対象が与えられると，次に，悟性が対象が何であるかを捉える。そのことを通して「概念」が生み出される。論理的に示すと，対象→悟性→概念，となる。

感性と悟性の能力によって，直感と概念が私たち人間の認識の基本要素になる。そして，直感と概念が結合したものは，経験的認識である。

ところで，カントは経験的認識に対して，経験に先立つ認識があるのではないかと考えた。その結果，カントはこの２つの認識を各々，ア・プリオリな認識，ア・ポステリオリな認識と捉えた。ここでいうア・プリオリな認識とは，経験に先立つ，いわば先天的な認識のことであり，ア・ポステリオリな認識とは，経験に基づく，いわば後天的な認識の謂いである。ここで重要なのは，経験からア・ポステリオリな形で得られる認識が実は純粋に経験だけで成り立つ訳ではなく，ア・プリオリな認識，すなわち感性と悟性の合一によって初めて成立するということである。

ただ急いで付け加えると，確かにア・ポステリオリな認識も重要であるが，カントは，ア・プリオリな認識に重点を置いた。というのも，ア・プリオリな認識こそ必然性と普遍性をもつ高度な認識だからである。それゆえ，それは，学問的認識の根幹となるのだ。ただ，カントは，ア・プリオリな認識のすべてが学問的意義を持つわけではなく，ア・プリオリな総合判断のみが学問的意義を持つと述べている。

さて，ここまで述べてきたことを再度，整理してみる。

まず，カントが登場する以前は，私たち人間が何かを認識するとき，対象が存在していて私たちの認識はこの対象をあるがままに把握すべきだと考えられていた。つまり，私たちの外にある対象をあるがままに捉えたとき，その認識は真理であると見なされた。いわゆる，対象と認識の一致が真理だとされた。ところが，こうした認識の立場に立つ限り，ア・プリオリな総合判断はどこにも見出すことができなくなる。そこでカントは，従来の認識の立場を捨て去り，対象とは，人間の主観から独立して存在するものではなく，主観の形式によって構成されるものという立場に立ったのである。そのことはコペルニクス的転回と呼ばれた。つまり，このコペルニクス的転回によって対象が主観の形式によって形成されることになり，しかもそのように考えるとき，この対象について私たち人間はア・プリオリな認識を持つことができるわけである。そこで，カントがまず想定したのが人間の主観の中にはア・プリオリな認識形式があるということである。しかも，ア・プリオリな総合判断を持つことができるには，感性のア・プリオリな形式と，悟性のア・プリオリな形式があることが不可欠なのである。

感性とは，感覚によって対象から直観的表象を受け取る能力のことであり，対象→感性→直観（直感的表象）という理路となる。

このように整理した上で，カントの認識論（批判哲学）を進めていくことにする。カントが述べるように，感性のア・プリオリな形式とは時間と空間である。ここでは，感性のア・プリオリな形式として空間を中心に言及する（時間については，『純粋理性批判』の中の先験的感性論に詳述されている）。

ところで，カントは空間について巧みな思考実験を展開している。すなわち，その思考実験とは，私たちはたとえば，掌に時計を持っていると仮定する。そして次に，自ら掌に持っているモノ（物体）［この場合は時計］の概念から経験的なものをすべて取り去ってみるというものである。そうしたとき，たとえば時計（モノ）の色，形，感触，重さなどといったモノの属性をすべて取り去ったとしても，モノが占有していた空間そのものは残ることがわかる。時計（モノ）が占有していた空間そのものを取り去ろう，消し去ろうとしてもできないのだ。つまり，時計（モノ）が存在しないことは認識できたとしても，空間そのものが存在しないことは認識できないのである。時間もまた，同じ思考回路によって取り去ったり消し去ったりすることができないことは自明であろう。

こうして，カントは，空間・時間そのものは，経験的直観に先立つ，ア・プリオリなもの，すなわち私たちの感性のア・プリオリな形式だと考えたのである。私たちはいわば，ア・プリオリな空間と時間というフレーム（枠組み）を通して世界を見ているのだ。こうした事実は原事実であって，何人も否定することはできない。

ところで，カントは，悟性のア・プリオリな形式とは「カテゴリー」であると捉えた。認識に不可欠な素材（ヒュレー）は，感性にア・プリオリに備わった空間・時間というフレームを通して私たち人間に与えられるわけであるが，とはいえ，この素材そのものは多様でかつ混沌としたものに過ぎない。一言でいうと，それは無秩序もしくはカオスなのだ。そこで，悟性はこの素材を総合的に統一し，あるひとつの概念を生み出し，認識を成立させる。すなわち，悟性の働きとは，私たち人間の判断を成立させる能力にほかならない。つまり，カントは，カテゴリーはこうした判断に先立って存在し，判断成立の根拠となるものでなければならないと考えた。

カントは，判断成立の根拠となるカテゴリーとして，「分量」，「性質」，「関係」，「様相」といった４つのグループに分け，さらに，各々のグループを３つずつに分類した（分類表については省略）。

カントは，カテゴリーを判断表を手引きとして見出した。ここでいう判断表とは，悟性が判断を行う仕方を数え上げたものであり，「全体性」，「性質」，「関係」，「様相」を指す（分類表については省略）。つまり，カントは，悟性の判断形式を完全に網羅すれば，そこからカテゴリーを必然的に導き出せると考えたのである。

カテゴリー等の分類はさておき，カテゴリーの代表として前述した因果律およびその事例を持ち出すと，テーブルの上からガラスのコップが落ちてそのコップが割れるという場合，私たちはこの事象をバラバラなデータとして知覚している訳ではない。むしろ私たちは，テーブルの上から落ちたからコップが割れたのだと文脈をつけて判断している。つまり，そのことは，テーブルの上から落ちることを原因と見なして，コップが割れることを結果として捉えるということである。私たちは，一連の事象を「原因－結果」関係，すなわち因果性の概念で把握している。

前述したように，ヒュームは，人間は因果性を経験することができないと考えたが，そのように考えてしまうと，因果性は私たちの外にあるということになる。ところが，私たちは，一連の事象を「原因－結果」関係という主観の文脈において捉え，因果性の概念で捉えていることから，因果性そのものは，私たちによって経験不能なものではなく，私たちの主観の中にあるということになる。ヒュームに反して，因果性は私たちの主観に帰属するものなのである。カントが述べるように，因果性は，因果関係を把握しようとする私たちの悟性に備わる機能と捉えることができるのである。

厳密にいうと，カントは感性と悟性の二元論的な捉え方を修正している。つまり当初，カントは，直観によって与えられるものは対象を成立させる，多様でかつ混沌とした素材に過ぎず，これをカテゴリーが統一して初めて対象となり得ると考えたが，後に，カテゴリーもまた，直観と同様，私たちが対象を認識するための必然的な条件だと捉え直したのである。もっというと，悟性のカテゴリーによる統一がなければ，そもそも，感性における対象は成立さえしない。つまり，経験の可能性の条件は同時に，経験の対象の可能性の条件なのである。同じことであるが，私たちの認識が成立する条件は，同時に，認識の対象が成立する条件なのである。「認識の成立＝認識の対象の成立」こそ，カントの最終結論にほかならない。従来のように，悟性は，感性（直観）が与える素材を加工するだけの消極的な能力ではなく，むしろ感性の能力（直観）を逆規定する積極的な能力なのだ。このように，カントは感性と悟性の関係を一体的なもの，相互的なものと捉え直したのである。

こうして，カントは，経験の対象は時間・空間（感性）およびカテゴリー（悟性）といった主観のア・プリオリな形式によって構成されたものであると捉えた（いわゆる構築主義の基礎）。つまり，私たちの認識の源泉が経験にあるとしても，対象について私たちはア・プリオリな認識を持つことができるのだ。だからこそ，数学・自然科学的認識は確実性を持つことができるのである。

再度，ここまで述べたきたことの中で最重要な事柄をまとめることにしたい。

カントは，従来の認識論に反して，感性と悟性の中にア・プリオリな形式を見出した。ア・プリオリな総合判断を成立させる条件としての，空間・時間（感性のア・プリオリな形式）と，カテゴリー（悟性のア・プリオリな形式）である。私たち人間の認識は，必ずこの形式を通して成立する。空間・時間は，感性が直観を得るための条件，すなわち直観形式としての空間・時間であり，カテゴリーは，空間・時間を通した直観から対象の認識を得るための条件である。言い換えると，空間・時間の中にないものを私たちは知覚できず，それについて認識を持つことができない。しかも，感性と悟性は相互的であり，一体的なものとして作用する。それゆえ，認識の成立条件は，同時に，認識の対象の成立条件となるのである。

ところで，カントは，悟性のア・プリオリな形式としてのカテゴリーが妥当し得る空間的・時間的な対象のことを「現象」，それ以外を「物自体」と呼んだ。「現象」とは，私たち人間に対し現われる対象（モノ）のことであり，「物自体」とは，対象（モノ）のあるがままの姿のことである。私たち人間が認識することのできる対象（モノ）は，物自体ではなく，現象に過ぎない。対象（モノ）は，物自体として最初から存在（実在）しているにもかかわらず，私たち人間はこのあるがままの姿を捉えることはできないのである。繰り返し強調すると，私たち人間は自らの認識能力の中にア・プリオリな形式として空間・時間，そしてカテゴリーを持ち，それらを通して現象の世界における対象（モノ）を認識するのである。

カントを敷衍すると，（カントが登場する以前の）形而上学は，物自体を認識しようとするものであった。たとえば，「イデア」，「神」，「霊魂」などの形而上学は，私たち人間の認識能力の範囲を超えるものであった。見方を換えれば，私たち人間は自らの認識能力の範囲である現象（の世界）を超えて物自体（の世界）にまで認識を拡張しようとしてしまったのだ。従来の形而上学がこうした誤りに陥った原因は，理性にある。カントによると，理性は，対象の認識をさらに統一づけ，体系化する能力であり，推論の能力である。人間の認識は，元来，決して悟性の認識で満足せず，常により深く広範な客観的，体系的な認識を作り出そうとする。さらに，理性の本性は，対象に対しその関係の系列を推論して完全性や全体性に行き着くまで推論をやめない。人間の理性は，認識の体系統一のために，無制約者を求めるという本性を持っている。無制約者とは，他の何ものによっても制約されず，それ自身によって存立するもののことである。具体的に，理性が求める無制約者とは，魂，自由，世界の究極原因としての神である。つまり，人間の理性とは，これらの形而上学的な事柄について根元的で完全な答えを求める本性を持っている。

したがって，形而上学の誤りは，決して経験の範囲内に見出すことのできない無制約者を理性が認識できると思い込んでしまったことにある。形而上学の誤りの原因は，理性にある。

こうして，理性の本性を見出したカントは，批判哲学によって形而上学の不可能性を徹底的に検証を進めていく。そこで展開されるのが，アンチノミー（二律背反）論である。アンチノミー論とは，正命題（テーゼ）―反対命題（アンチテーゼ）―ともに成り立つ命題（ジンテーゼ）のことである。つまり，１つの命題が証明され，同時に，その反対の命題が証明されるという自己矛盾の状態のことである。これは，カントが理性が自らを欺く本性を持っていることを証明しようとして理性の自己矛盾を提示するために行ったことである。カントは理性が陥るアンチノミーとして次の４つを見出し，その論証を試みた。

第１アンチノミー：世界は空間的・時間的に有限／無限である。

第２アンチノミー：世界のすべては単純な部分から成る／単純なものは存在しない。

第３アンチノミー：世界には自由による因果性がある／世界のすべては自然必然的な法則によって生じる。

第４アンチノミー：世界原因の列の中には絶対的必然的存在者がある／この系列の中には絶対的必然的存在者はない。すべては偶然的である。

こうして，カントのアンチノミー論は，形而上学の不可能性の原理だといえる。これによって従来の形而上学は打ち倒された。ただ，カントが述べているのは，これらの形而上学的な事項は私たち人間の認識し得る範囲を超えるものであること，そしてそれらを少なくとも，理論的には証明できないということである。

カントの認識論は，人間の認識能力の限界を見出した。カントは人間的立場から真理を追求しようとした。つまり，人間の認識の有限性を自覚し，その中で認識を行ったのである。

もし，私たちが人間的立場を超えて無限者的立場に立つことができたならば，物自体を認識できるはずである。それは，私たちが人間である限り，不可能である。というのも，無限者的立場とは，いわば神のような視点でものごとを見るということだからである。従来の形而上学とは，そのような立場からの学問だった。いわば，神のような視点からの学問である。

私たち人間は，理性の理論的領域によって物自体を捉えようとしたが，理論理性はそこで「自己矛盾＝アンチノミー」に陥ってしまった。つまり私たちは，理論理性によっては物自体を認識することはできないのだ。そこでカントは，実践理性という分野を開拓して，そこに新たな形而上学の可能性を開こうとした。

以上のように，理性には，認識能力としての理論理性と，人間の意志を規定する能力としての実践理性があり，実践理性によって物自体を見出すことができるのである。ここから後は『純粋理性批判』の後に刊行された『実践理性批判』と『判断力批判』の課題となるが，本書の課題を超えた問題であるがゆえに，別の機会に言及することにしたい。

付記

カントが『純粋理性批判』を通して論証したように，私たち人間は自らの中に，感性のア・プリオリな形式としての空間・時間を持っているのであるが，そのことは，近年，脳科学によって海馬の場所細胞として実証された。とりわけ，空間は，人間にとって外部的なものでありながら，同時に，内部的に備わっているフレームなのである。この，内部的に備わっているフレームは，大脳辺縁系の海馬という部位（ハードウェア）に跡づけることができるのだ。その意味でも，カントはまさに脳科学の先駆者なのである。

文 献

東久部良　信政　1978　『頭足類の人間学』葦書房。

東久部良　信政　1979　「東西論理と頭足類」,『遊 電気＋脳髄』1005 号，164-170 頁。

Berger,P.L. & Luckmann,T.　1967　**The Social Construction of Reality : A Treatise in the Society of Knowledge**, Anchor Books.（P.L.バーガー，T.ルックマン『日常世界の構成――アイデンティティと社会の弁証法――』山口節郎訳，新曜社，1977 年。）

Gabriel,M., Žižek,S.　2009　**Mythology, Madness, and Laughter： Subjectivity in German Idealism.**（M.ガブルエル，S.ジジェク，大河内泰樹・齋藤幸平監訳『神話・狂気・哄笑――ドイツ観念論における主体性――』堀之内出版，2015 年。）

Gabriel,M.　2013　**Warum Es Die Welt Nicht Gibt**, Ullstein Buchverlag GmbH.（M.ガブルエル，清水一浩訳『なぜ世界は存在しないのか』講談社，2018 年。）

Gabriel,M.　2018　「なぜ世界は存在しないのか――〈意味の場の存在論〉の〈無世界観〉――」（加藤紫苑訳），『ニュクス』05，320-338 頁。

池田　昌昭　2004　『反映と創造』創風社。

Kant,I.　1787　**Kritik der reinen Vernunft.**（I.カント，篠田英雄訳『粋理性批判』岩波書店，1961-1962 年。）

Lacan,J.　1966　**Ecrits.**（J.ラカン，宮本忠雄，他訳「＜わたし＞の機能――形成するものとしての鏡像段階――」『エクリ I』所収，弘文堂，1972 年。）

Laing,R.D.　1961　**Self and Others, Tavistock Publications.**（R.D.レイン，志貴春彦・笠原嘉訳『引き裂かれた自己――分裂病と分裂病質の実存的研究――』みすず書房，1975 年／『引き裂かれた自己――狂気の現象学――』天野衛訳，筑摩書房，2017 年。）

中井　孝章　2004　『頭足類画の深層／描くことの復権』三学出版。

中井　孝章　2017　『驚きの存在論　Ereignis（エルアイクニス）』日本教育研究センター。

中井　孝章　2018　『頭足類身体論原論』大阪公立大学共同出版会。

岡崎　龍　2015　「訳者解説」，M.ガブルエル，S.ジジェク，大河内泰樹・齋藤幸平監訳『神話・狂気・哄笑――ドイツ観念論における主体性――』堀之内出版所収，329-341頁。

パルメニデス　1958　山本　光雄（訳編）『所期ギリシア哲学者断片集』岩波書店。

Meillassoux, Q.　2006　**Après la Finitude：Essai sur la Nécessité de la Contingence**, Seuil.（Q.メイヤスー，千葉雅也，大橋完太郎，星野太訳『有限性の後で――偶然性の必然性についての試論――』人文書院，2016年。）

清水　一浩　2018　「訳者あとがき」，M.ガブルエル，清水一浩訳『なぜ世界は存在しないのか』講談社，295-303頁。

Wallon,H.　1949　**Les Origines du Caractêre chez L'enfan**t, Universitaire de France.（H.ワロン，久保田正人訳『児童における性格の起源』明治図書，1965年。）

Wallon,H.　1956　**Impotance du Movement dans le Dévelppement Psychologique de L'enfant**.（E.ワロン，浜田寿美男訳『ワロン／身体・自我・社会――子どものうけとる世界と子どもの働きかける世界――』ミネルヴァ書房，1983年。）

あとがき

新実在論と頭足類身体のダイアローグについては，本論の中で詳述したので，ここではいま，思想界で話題になっている新実在論について再度，述べることにしたい。

筆者は，冒頭で形而上学，構築主義，新実在論という三者の違いを明確にするために，新実在論の立場に立つガブリエルのヴェズーヴィオ山の例を取り上げた。この例を通して，新実在論は，形而上学のように，観察者（の視点）不在においてモノそのものの実在を容認するとともに，モノに直に触れることを容認するその一方で，構築主義のように，観察者の視点（パースペクティヴ）を容認する，という立場であることが判明した。

ところで，筆者はこれまで，構築主義の考え方を直感的に間違っている，あるいはおかしいと疑っていたが，その論拠を明確に示すことができなかった。それだけにこうしたガブリエルの考え方に感銘を受けた。

たとえば，構築主義の立場に立つある社会学者は，筆者が「家族」とは何かと本質的に問うても答えることができないという。というのも，構築主義よろしく，「家族」という言葉・概念は，その都度その都度（絶えず）変化するからである。構築主義の立場では，言語は社会的に構成され続けるものであり，言語を用いてその本質を固定することができないのだ。

しかしながら，こうした構築主義の論理には根本的な矛盾が存在する。その矛盾とは何か。たとえば，「家族」について複数の人たちが語り合うとき，そもそも，「家族」について語り合うことができるのは，個々人が「家族らしきもの」，あるいは「家族らしき何か」を前提にしているからなのであって，前提がまったくない状態では，自分が「家族」について何かを語ることも，そして，他者が「家族」について語ることを聞くこともできないはずである。構築主義とはさまざまな人たち（観察者）の視点（パースペクティヴ）およびその各々の視点からの見え・考えを容認する，いわゆる相対主義の立場であるが，こうした相対主義が拠って立つところの基盤を構築主義は容認しないのである。

裏を返せば，「家族」について語る複数の人たちは，前述したように，「家族らしきもの」――「家族」についてのイメージ，経験，信念等々，あるいはこれらを総括した何か――をカントのいう「物自体」として共有しているからこそ，その「物自体＝家族らしきもの」に受動的に触発されて何かを語ることができるのである。筆者は，新実在論がモノの実在を容認したり，モノに直に触れる（正確には，すでに触れている）のを容認したりすることを，「物自体」，あるいは「物自体らしきもの」と解釈している。この場合の「物自体」は，カントが述べる厳密な意味での「物自体」でなくてもよい。前述した，複数の人たちが各々「家族」について語ったり聞いたりする（＝ダイアローグをする）ときの基盤，すなわち「家族らしきもの」で十分なのである。

強調すると，複数の人たちのあいだで言葉と言葉が交流し合うとき，そうした言葉の相互交流を可能ならしめる基盤が不可欠であり，そうした基盤のことを新実在論のように，実在を容認するとか，実在に直に触れると宣言してもよいのである。筆者はこうした新実在論の実在容認によって構築主義は終焉したと確信している。

他者から，どうしてあなたは実在を確信できるのかと問われた場合，筆者は次のように答えるであろう。その理由は，私たちがモノや言葉の実在を確信するのは，情動によってモノや言葉と直にかかわっているからである，と。見方を換えると，構築主義は知性および知性によって整序された感情によってモノや言葉と間接的にかかわっているのではないか。

ところが，私たちは知性や感情以前にすでに，情動によって直にモノや言葉とかかわっているのである。情動の働きは一瞬であり，私たちが自省したときはすでにモノや言葉と直にかかわっている。この辺りのことは，行動経済学のシステム１とシステム２，すなわち速い思考と遅い思考に詳しいが，本書では，情動（システム１および速い思考）を根拠に新実在論の正統性を示すところで，筆を置くことにしたい。

令和元年 6 月 28 日

筆 者

著者略歴

中井孝章（なかい　たかあき）

1958年大阪府生まれ。現在，大阪市立大学生活科学研究科教授。
学術博士。

主著：『学校知のメタフィジックス』三省堂
『学校身体の管理技術』春風社

単著（〈2010年〉以降）：
『子どもの生活科学』日本地域社会研究所
『配慮（ケア）論』大阪公立大学共同出版会
『忘却の現象学』三学出版
『イメージスキーマ・アーキテクチャー』三学出版
『空間論的転回序説』大阪公立大学共同出版会
『無意識３.０』三学出版
『教育臨床学のシステム論的転回』大阪公立大学共同出版会
『〈心の言葉〉使用禁止！―アドラー心理学と行動分析学に学ぶ―』三学出版
『学校機械論―ハードウェアからの改革―』日本教育研究センター
『カウンセラーは動物実験の夢を見たか』大阪公立大学共同出版会
『賢治の読者は山猫を見たか』日本教育研究センター
『驚きの音風景』日本教育研究センター
『驚きの因果律あるいは心理療法のデイストラクション』大阪公立大学共同出版会
『防衛機制を解除して解離を語れ』大阪公立大学共同出版会
『速い思考／遅い思考―脳・心の二重過程理論―』日本教育研究センター
『反省するな，俯瞰せよ―メタ認知の形而上学―』日本教育研究センター
『脱感作系セラピー』日本教育研究センター
『離人症とファントム空間』日本教育研究センター
『頭足類身体原論』大阪公立大学共同出版会
『ケア論Ⅰ・Ⅱ』日本教育研究センター
『因果律の推察と臨在感の呪縛―“もうひとつの”因果律の正体―』日本教育研究センター
『頭足類身体の諸相』日本教育研究センター，等

共著：『ぬいぐるみ遊び研究の分水嶺』（堀本真以氏との共著）大阪公立大学共同出版会

新実在論×頭足類身体［頭足類身体シリーズ１］

2019年 7月22日　初版発行
著者　中 井 孝 章
発行者　岩 田 弘 之
発行所　株式会社　日本教育研究センター
〒540-0026　大阪市中央区内本町 2-3-8-1010
TEL.06-6937-8000　FAX.06-6937-8004
https://www.nikkyoken.com/

★定価はカバーに表示してあります。乱丁・落丁本はお取り替えいたします。
ISBN 978-4-89026-203-8　C3037　Printed in Japan